OGDEN'S CIGARETTES
STROKE

OGDEN'S CIGARETTES
THE BREAST STROKE

OGDEN'S CIGARETTES
THE BREAST STROKE

OGDEN'S CIGARETTES
THE BREAST STROKE

OGDEN'S CIGARETTES
THE BREAST
STROKE

OGDEN'S CIGARETTES
THE BREAST STROKE

OGDEN'S CIGARETTES
THE BREAST STROKE
ARM ACTION-4TH POSITION

OGDEN'S CIGARETTES
THE BREAST
STROKE

OGDEN'S CIGARETTES
THE BREAST STROKE

OGDEN'S CIGARETTES
THE BREAST STROKE

OGDEN'S CIGARETTES
THE BREAST STROKE

OGDEN'S CIGARETTES
THE BREAST STROKE

OGDEN'S CIGARETTES
THE CRAWL STROKE

OGDEN'S CIGARETTES
THE CRAWL STROKE

OGDEN'S CIGARETTES
THE CRAWL STROKE

OGDEN'S CIGARETTES
THE CRAWL STROKE
ARM RECOVERY-3RD POSITION

OGDEN'S CIGARETTES
THE CRAWL STROKE

OGDEN'S CIGARETTES
THE CRAWL STROKE

OGDEN'S CIGARETTES
THE CRAWL STROKE

OGDEN'S CIGARETTES
THE CRAWL STROKE

泳者の墓。パエスツム

ジョージ・カトリンの目撃したアメリカ先住民の泳ぎ

チベットのポタラ宮殿の壁画に残るラサ川での競泳の様子。17世紀末

日清戦争中に雨で増水した川を泳ぎ渡り、英雄となった川崎軍曹。
1894年

1960年、アリゾナ州メーサのスターライト・モーテルにその看板が上がった瞬間から、彼女は砂漠の女王になった。ターコイズの水にダイビングしてはしぶきを上げるネオンサインの彼女。来る晩も来る晩も、1分に20回、彼女はその気持ちのいいプールに旅人をいざなった。2010年の激しい嵐によりこの看板が破壊されると、熱狂的な保護主義者団体が修理費を募り、材料を寄付して、彼女を長年の高台に連れ戻した。美容整形は成功だった。倉庫のなかで待ち続けたのちに、連続カットで全長5メートルにもなるネオンサインはついにカムバックした。その最後のカットに登場する彼女は、51歳になるというのに以前にも増してゴージャスだ

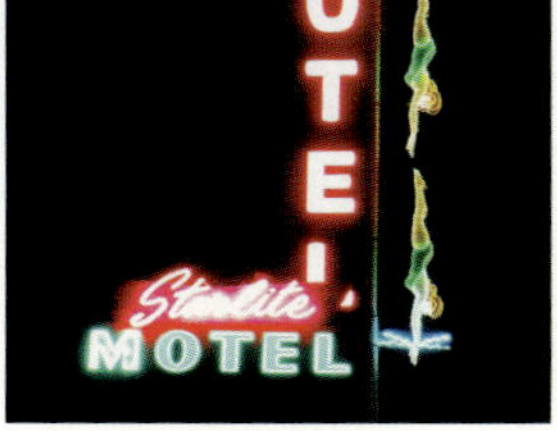

ヘレスポントス／ダーダネルス海峡（地図にはガリポリ海峡と表示）の古地図。セストスとアビドスの城も見える

ヘレスポントス海峡。アジア側から北方向を望む

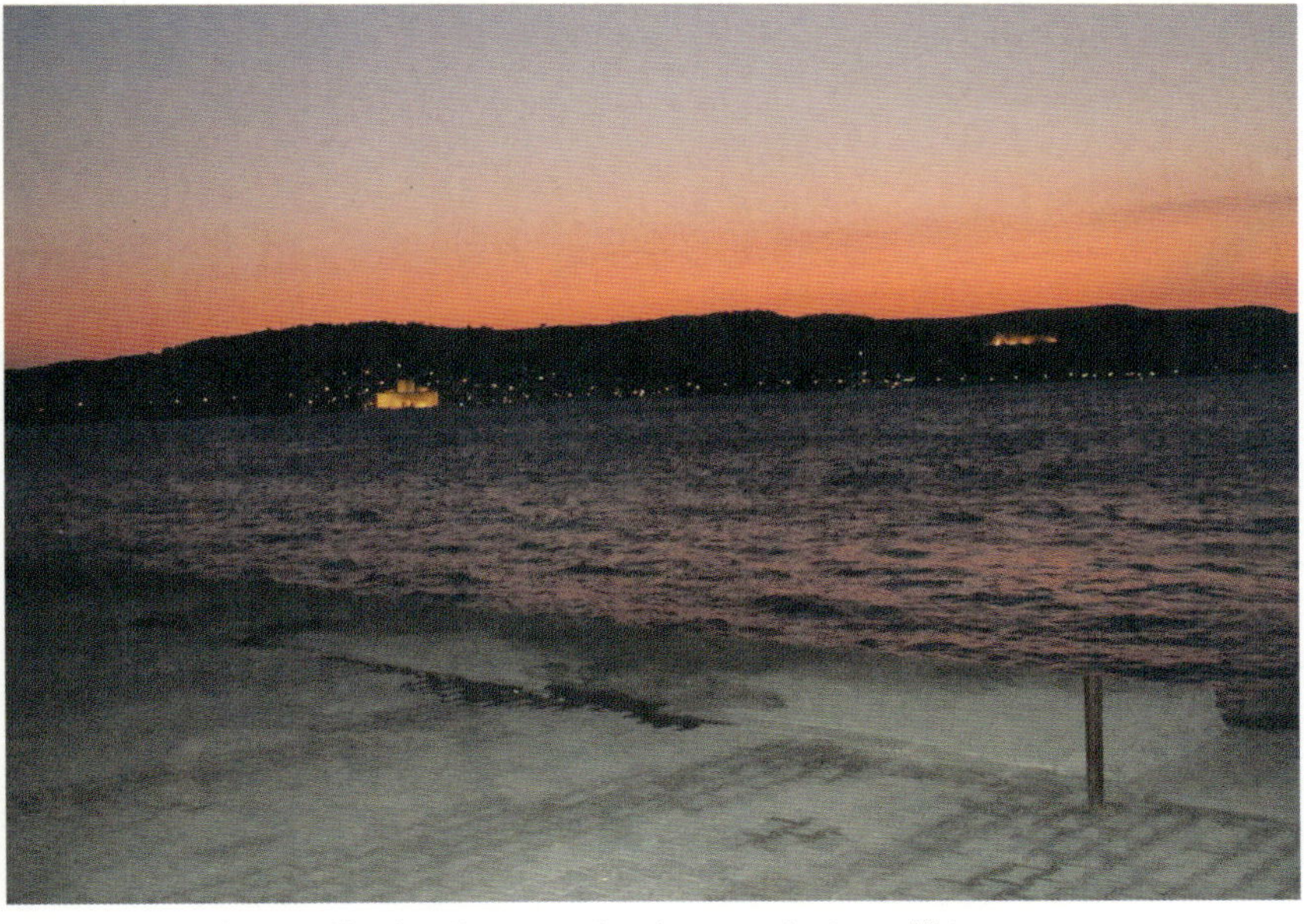

レアンドロスが夜ごとの横断泳で目にしたであろうヘレスポントスの眺め

スタートのピストルを待つ

いざ出発

レースを始めたばかりのわたし。ゴールが
右側のはるか彼方に見えている

グーグルがとらえた横断泳のコース

フィニッシュラインに向かって泳ぐ

1人中の第1位

メダルを見て！

Swim
Why we Love the Water

リン・シェール　高月園子・訳

なぜ人間は泳ぐのか？

水泳をめぐる歴史、現在、未来

太田出版

SWIM : Why We Love the Water

by Lynn Sherr

First published in the United States by
Public Affairs, a member of Perseus Books Group
Japanese translation rights arranged with
Perseus Books, Inc., Boston, Massachusetts
through Tuttle-Mori Agency, Inc., Tokyo

なぜ人間は泳ぐのか？　目次

1　飛び込む

海がわたしを取り囲んでいる。水面にほんのかすかに斑点を付ける静かな波をたたえた藍色《あいいろ》の温かい広がり。そんなおだやかさにだまされてはいけない。容赦ない逆流に、力強いストロークで切り込んでいく。右腕、左腕、ローリング、息継ぎ。水がわたしを浮き上がらせる。もう一つの大陸ははるか彼方。リラックスして、と自分に言いきかせる。大丈夫、やれるわ。

ここはトルコ西部、神話で名高いヘレスポントス海峡だ。ヨーロッパをアジアから分かち、今日《こんにち》ではダーダネルス海峡の名で知られている。地理的には船か飛行機で渡るほうが賢明な水路を、わたしはヨーロッパ大陸からアジア大陸へと泳いで向かっている。ここは、歴史的にはその昔、世界の果てだと信じられていた場所である。前方の東岸には、トロイの遺跡がある。三二〇〇年前に起きた一〇年におよぶ壮大な戦《いくさ》の舞台となり、ホメロスが大叙事詩『イーリアス』で初めて戦争の悲惨さを決定的に世に知らしめた場所だ。後方には、第一次大戦中の凄惨《せいさん》をきわめたガリポリ上陸作戦（連合軍により、同盟国側にあるオスマン帝国の首都イスタンブール占領を図って決行された）で戦死したオスマン帝国軍と連合軍兵士の追悼記念碑があ

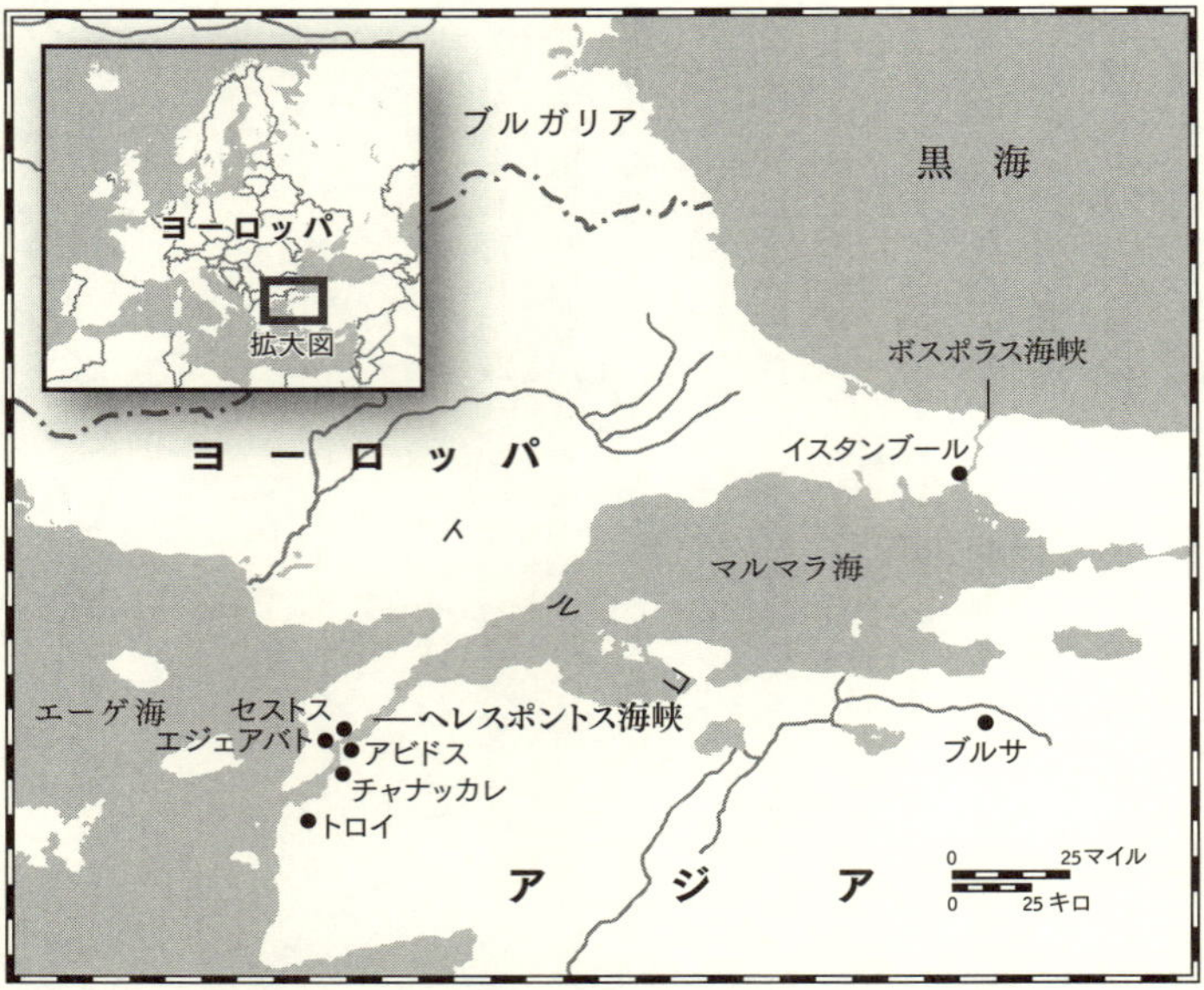

る。この戦いは、その海で毎日泳いでいた罪なき人々の血で、海水が真っ赤に染まったことから、〝泳者の戦い〟と呼ばれている。

この空っぽの戦場では、今わたしの体を浮き上がらせている水の支配をめぐり、何世紀にもわたって幾多の戦いが繰り広げられてきた。ヒッタイト人、ミュケナイ人、ギリシャ人、ペルシャ人、ローマ人、オスマントルコ人、ジェノヴァ人、ヴェネチア市民、ビザンチン帝国民、トルコ人のすべてがここを支配した。アキレスとトロイの王子ヘクトルはこの水の廻廊《かいろう》をめぐって命果てるまで闘った。ペルシャ帝国のクセルクセス王は船橋を架けてここを渡り、ギリシャの入植地に侵攻した（波が鞭《むち》のように打ち付ける嵐により挫折した初回の試みのあとで）。アレキサンダー大王はそれを奪

ヘレスポントスを泳ぐレアンドロス。古代ローマの地方コイン

回するために逆のルートをたどった。

ギリシャ神話では、イアソンが金の羊毛を探しにアルゴ船でここから出帆した。その金の羊毛は、王女ヘレが意地悪な継母から逃げるときに乗った空飛ぶ子羊の毛だったのだ。王女は海に落ち、「ヘレの海」または「ヘレスポントス」と呼ばれるようになった。この神話的な海峡のせいで歴史は作り変えられ、いくつかの帝国が滅亡した。ヘレスポントスは常により大きな何か――新たな征服、別の国、未知の大陸、新しい冒険――へのルートであった。そしてそれは、若者のはかない恋の伝説を生んだ。

あまり遠い昔で日付は忘れ去られてしまったが、ある夏の日の夜、レアンドロス（英語名リーンダー）という名の元気な若者がヘロという美しい乙女に出会い、恋に落ちた。〝一目で〟と、のちに詩人のクリ

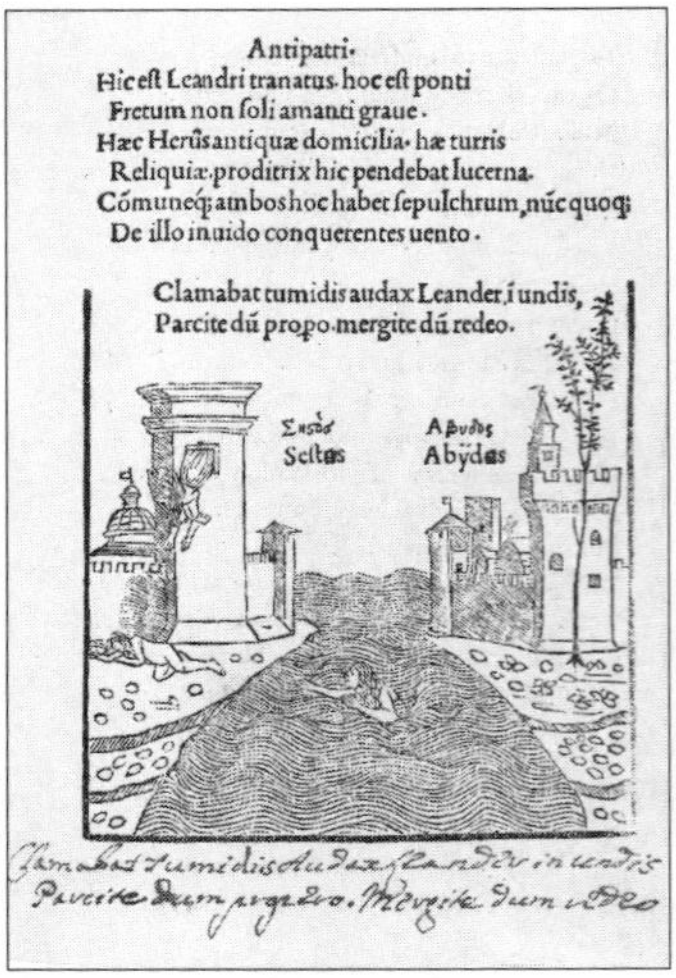

レアンドスが溺れ、ヘロは彼を追って身を投げた

塔で待つヘロの元へ泳ぐレアンドロス

ストファー・マーロウが書き、以後、この恋物語の始まりはそのように定着した。ヘロはアフロディーテの巫女《みこ》で、ギリシャ側の沿岸にあるセストスの塔で操《みさお》を守るよう運命づけられた処女だった。一方、レアンドロスはアジア側のアビドスに暮らす町民だった。無理だ、この海峡はきみたちを分かつためにある、と長老たちは言った。若い恋人は聞く耳をもたない。かくして、毎晩、レアンドロスはこの海に飛び込み、崇拝するヘロと秘密の一夜を過ごすため海峡を泳いで渡ったのだった。ヘロは道標になるよう、カンテラを灯《とも》した。彼は吐き気を催すような魚臭のついた体で喘《あえ》ぎながら到着した。薔薇《ばら》の香油を数滴垂らして、二人はベッドに倒れ込む。夜明けには、ふたたびそっとヘレスポントスに飛び込んで、レアンドロスは誰にも知られず家に戻った。

ある夜、近づく冬の怒りが風を攪乱《かくらん》して嵐を引き起こし、ヘロのカンテラの火を吹き消した。海はしけ、風はうなり、レアンドロスは行く手を見失って溺れた。翌朝、彼の遺体が浜に打ち上げられると、ヘロは悲しみのあまり、あの世で彼と結ばれようと塔から身を投げた。海版のロミオとジュリエットだ。二人の命は失われたが、おかげでこの地に神話が残った。不運な恋人たちは、西洋の伝承のなかで水泳にまつわる最も有名な神話の共演者となったのだった。

バイロン卿として知られる詩人のジョージ・ゴードンは、自身も達者な泳ぎ手で、しかもギリシャの古典的なものすべてに魅了されていたため、この話に好奇心をそそられた。そんなことが実際に起こりえたのだろうか？　この荒海を泳いで渡るなんてことが可能だったのだろうか？　一八一〇年、地中海地方への旅の途中に彼は答えを出す決意をした。

フリゲート艦の将校を誘い、バイロンは二回目の試みで横断泳に成功した。これにより、世界中の頑張り屋のスイマーの間でヘレスポントスはロマンティックな挑戦のシンボルとなった。いっしょに泳いだウィリアム・エイケンヘッド中尉はバイロンを五分差で破ったものの、のちに艦長への昇進を祝う酒宴の最中に酔って溺死したため、記録から抹消された。一方、バイロンはこの快挙をやむことなく自慢し続け、ヘレスポントスをそれまでに彼が横断した数々の河川——ロンドンのテムズ川、ヴェネチアの大運河、スイスのジュネーブ湖——のトップに据えた。「わたしはこの成功を鼻にかけます」と友人に書き送っている。「政治で、詩作で、または弁論で、わたしが成し遂げうるであろうどんな成功よりも」

というわけで、八月のある午後に、わたしの暮らすニューヨークから八〇〇〇キロも離れた、イスタンブールの南西二四〇キロのこの地で、わたしも実際にヘレスポントスを泳いでみることにしたのだ。

黒海から南へ流れ出た水は、ボスポラス海峡とマルマラ海を抜けて途切れることなくエーゲ海に注ぐ。ヘレスポントスはその水路として最後に位置する。重要な水路であり、年に五万隻《せき》近くのタンカーや貨物船が行き交う、世界でも最も高速で最も混雑した輸送路の一つである。

流れに気をつけるよう言われた。でないと、ギリシャ方向に簡単に押し流されてしまうから。変な生き物にも注意するよう警告された。ここには毒針のあるクラゲを始めとする、自然界の敵も棲《せい》息《そく》している。でも、ここの魅力には抗《あらが》えない。古典的な世界に魅了され、この地の歴史について読むために、埃《ほこり》をかぶった大学時代のギリシャ語の知識を引っ張り出してきた。わたしもまた泳ぐことが大好きで、ここを横断泳した先輩たちの情熱に触発された。そして、人生において、以前より予備調査にかける時間的な余裕もあり、しかも自分の筋肉により大きな信頼がもてるステージに到達した今、挑戦好きなわたしは、この偶像視された海峡で自らの体力と精神力を試したくなったのだ。

慣れ親しんだ場所で何年も自分のペースで泳いできたのちに、足の指をまったく未知の大洋に浸し、これまでラップスイム（プールを一定のペースで往復すること）で記録した距離よりはるかに長い距離に挑むのはどんな感じだろう？　わたしの発見するヘレスポントスは、目の不自由なホメロスがトロイ戦争の約四〇〇年後に描写したような「激流海峡」だろうか？　それとも、シェークスピア（やはり一度も実際には見ていない）が一笑に付した「ゆるやかな流れ」だろうか？　完璧なプールや気持ちのいい湖や東海岸のおだやかな海で遊び半分で泳いできた年月を、ヨーロッパとアジアを分かつ荒々しい海峡にうまく移行することができるだろうか？　わたしもまた、ヘレスポントスを完泳できるのだろうか？

水泳はわたしの救世主だ。真冬に、またはとりわけ忙しい一日の終わりに、またはコンピューターの画面に長時間向かったあとに、どこにいたいかって？　答えはいつも同じ。それは水の中。どこでもいいから見つけられるブルーのプールで、無重力で滑るように静かにレーンの間を切り込んでいく。ときどき、心理療法などで耳にする「何か心地よいものを思い浮かべながら数字を逆に数えなさい」と言われたなら、わたしは水中を選ぶだろう。大海、湖、もしくはターコイズの箱《プール》で、平静さを取り戻させてくれる長く物憂いラップを刻むだろう。

ある意味、それは純粋に官能的な体験だ。液体と肌が触れ合う絹のような感触、宙に浮かぶことができるチャンス――わたしが得られる感覚のなかで、空を飛ぶのにいちばん近いもの。星《スター》にとまではいかなくても、少なくともスターフィッシュ（ヒトデ）に手が届く可能性。水泳は地上での限界を超えて体をストレッチさせ、あらゆる痛みをやわらげ、すべての筋肉をほぐしてくれる。しかし、それはまた内面への旅でもあり、敵意に満ちていると同時に慣れ親しんでもいる水の分子に包まれて、心おだやかになり、人の声や現代生活の妨害から解放されることでもある。新たな可能性に思いを寄せ、問題を解決できる気に――解決したいという気に――させてくれる。

なんといっても、わたしは魚座なのだ。

過去数年間、わたしは地球上のあちこちにある〝水たまり〟で、なんとか自身の渇望を満たしてきた。ユタ州では雪降るなか屋外の温水プールで、ギリシャでは火山性の黒いビーチで、ケニア北部では山中にある小川の流れ込む池で、オーストラリア砂漠では冷たいアクアマリンの貯水池で泳いだ。クリミア海ではぶよぶよした体のロシア人の寮母たちと泳ぎ、ビバリーヒルズでは完璧なルックスの売出し中の俳優たちとレーンを交互に使った。タイ湾にあるサムイ島のビーチリゾートでは、淡水のインフィニティ・プール（プールと海がつながって見えるよう設計されたプール）、塩水の変形プール、さらに素晴らしく美しい湾という三つの選択肢があった。一度もいやな経験はない。だが、選択は慎重にしている。一度、モンゴルへの旅を計画したとき、ニューヨークのロングアイランドとほぼ同サイズの、フブスグル湖の紺碧《こんぺき》の深みでの一泳ぎを検討してみた。宇宙基地からも見え、汚れのない高山の神秘とも言えるそれは世界の淡水の二パーセントを供給する、アジアで二番目に大きな湖で（最大はロシアのバイカル湖）、わたしのコレクションに加えるのにぴったりだと思ったのだ。想定外だったのは、六月でもまだ氷があり、水が凍るほど冷たかったことだ。わたしは泳ぐ代わりにカヤックをした。

早い話が、水泳は無害だが病みつきになる。「もし水の中に飛び込めなければ、どうやって一日を乗り切ればいいんだい？」と脚本家リチャード・グリーンバーグは戯曲〈アメリカン・プラン〉のなかで主人公に質問させている。わたしが出会うスイマーのなかにも、泳がなければよく眠れないと話す人があとを絶たない。彼らはスイミングがこの世界から、彼らの子供たちから、彼ら自身から、正気を取り戻してくれるのだという。なくてはならないものだと。「プールがなかったら、間違いなくアルコール依存症になるわ」と語るのは、ハイテク業界のリーダー的存在で投資家のエスター・ダイソンだ。一八歳のときから毎日欠かさず、何ラップも泳ぎ続けている。「これはわたしのリセットボタンなの」。朝の一泳ぎのあとにブランチを取りながら、彼女は語ってくれた。かつては、濡れないように紙をベンチに置いてプールを往復する合間に画期的なニュースレターの草稿のアイデアを練っていたそうだ。彼女は今でもプールのあるホテルにしか泊まらず、各プールのイメージをウェブサイトに投稿している。夢の中にも現れる。「あるときはお堀、そんなときはただ泳ぎ続けるの。あるときは空っぽのプールで、ただ敷石の底が見えるだけ。それは心配事がある証拠よ」

レーンはいろんな方法でスイマーに集中をうながす。ストロークのリズムは感覚に秩序をもたらす。

純粋に美的な観点からも水泳は魔法だ。ヘンリー・ジェームズはかつて、英語という言語において二つの最も美しい語は「サマー・アフタヌーン」であると言った。それに「スイミング」という語を加え、しかも水が詩人のアン・セクストンの「あまりにも透明でそれを通して本が読めるほどだ」という描写にあるように透き通っていたなら、わたしにとってその日はひときわ華麗に輝く。

イギリス人作家のチャールズ・スプローソンは、著書のエレガントな瞑想録『黒人マッサージ師の出没する場所』が水に取りつかれた人々の間で狂信的に愛される古典になっている。彼は歴史的な場所で泳ぐ「ヒストリカル・スイマー」を「身体の大部分が水中にあり、自己完結する形態の運動にのめり込む、日常生活からあえて遠くに切り離された人物」であると定義している。彼はまた

「水泳は自らの精神世界に没頭する、内省的でエキセントリックな個人主義者を魅了する」とも書いている。称賛の意を伝えようと彼のロンドンの自宅に電話すると、彼は、あれは自分自身のことを書いたのだと認めた。「グループで泳ぐのは苦手」だと言う。「伝説的な背景をもつ、普通でない場所で泳ぐのが好きだ」とも……彼が二度横断したヘレスポントスのように。「楽しいですよ」と、電話を切る前に励ましてくれた。「考える時間を与えてくれます」

水泳は精神を集中させ、心を深い思考に導く。そして大きな夢を見させてくれる。くしくも、一九〇〇年代の初めにワンピース型の水着を発明して女性を海で男性と同じくらい敏捷《びんしょう》にした、水泳のチャンピオンにして無声映画のスターでもあったアネット・ケラーマンは、「水泳は想像力を育みます。最も想像力のある人は昼や夜に一人きりで泳ぎ、プレッシャーをかける人間でいっぱいの黒色土の世界を忘れることができる人です」と記している。あるいは、ヘンリー・デイヴィッド・ソローが言ったように、わたしたちはそれぞれが「私的な海、すなわち自分だけが存在する大西洋と太平洋」を探検すべきなのだろう。

泳ぐということが頭に浮かんだだけで、スイマーはそわそわしかねない。プールのある建物の前を通りすぎるスイマーを見ればわかる。塩素のかすかな臭いに物哀しい笑みを浮かべるだろう。スイマーといっしょにテレビを観ているときに、コマーシャルで水に入っている人が映ったなら、彼らはわざわざ手を止めて画面にじっと見入るだろう。以前コーチをしていたある人は、「思い切り頑張ったあとで、最高に気分がよくなる」スポーツが水泳なのだと説明する。「もしランニングで同じくらい頑張ったら、何も食べられません。苦しくて、ただ火照《ほて》りを冷まして、水を飲みたくなるだけです。それが水泳でいいトレーニングをしたら、ごちそうを食べたくなる。スポーツクラブから帰る人々の顔をごらんなさい。晴れ晴れとした顔をしているのは、泳いだ人たちです」

水泳をする子供は独特だと、子供を水泳教室に送り迎えする母親の一人が話してくれた。スポーツに没頭し、規則正しく練習をする彼らは、学校の成績もよくないと気がすまない。ある元水泳選手は、学校時代にことあるごとに「水泳選手」として紹介されるのが、特別扱いのようでいやだったと言う。だが今、彼はそれを誇りにしている。「なぜなら、それは大変な努力と持続力を要求するからです。そして、そのおかげで生き抜いてこられたことを知っているからです」

水泳にまつわる語は、ときに生きにくいこの世の中での奮闘や成功といった、生存競争に関するイディオムに頻繁に登場する。たとえば、「striking out（泳ぎ出す→突き進む）」とか、「You are swimming against the tide（流れに逆らって泳いでいる→時代の流れに逆行している）」「You are treading water（立ち泳ぎしている→時間の無駄）」など。「You are all wet（びしょ濡れ→完全に勘違いしている）」というのもあるが、これには納得いかない。なぜなら、水泳をする人間の多くにとって、濡れていることは素晴らしくもあるからだ。さらに「sticking a toe in（足の指を水に浸《つ》けてみる→新しいことに挑戦する）」だの、「diving off the deep end（深いところに飛び込む→無謀なことをする）」だの、「in over your head（頭から飛び込む→お手上げ）」「under water（浸水して→危ない）」だのといった表現もある。事情が変わることを、わたしたちは「潮目が変わる」と言うが、実際の潮目はドーバー海峡競泳中にある選手が最近思い知ったように、進行を阻《はば》みかねない。

大しけの海を一八時間もかき進んだあとに、対岸まであと三〇〇メートルというところで潮目の変化につかまったその選手は、結局、うねりの激しさにゴールまでたどり着くことができなかったのだ。「(ドーバー横断泳は)精神的な拷問ですよ。心の強さが要求されます」と彼のコーチのフィオーナ・サウスウェルは語る。

ブロンドで陽気なこのイギリス人女性は、自身も五一歳で、子供が大学に入った後の空《から》の巣症候群から抜け出すためにドーバー完泳を成し遂げた。彼女はその一九時間二二分の偉業の秘訣を明かしてくれた。

「出発地点のドーバーの岸にロープをくくり付けると想像しました。ロープの反対側の先は、わたしの八三歳の両親が待ち受けるフランスの海岸にくくり付けます。一かきするごとに、それをたぐり寄せて両親に近づいていると想像し、壁に突き当たるたびに、フランスの地を踏むまではけっしてあきらめてはならないことを息子が思い出させてくれました。これはすごく効きましたよ! 彼らがただ引っ張ってくれたのです」

水泳から学べる人生の教訓は、聖書からロックミュージックに至るあらゆる媒体を通して、社会の礎《いしずえ》に浸透している。

一四世紀に制作された詩編六九の彩飾写本には、巻き毛に王冠を載せた裸のダビデ王が、救済を求めて祈りながら、青い波の海(絶望の「深海」)を泳いで渡っている場面がある。タルムード(ユダヤ教の律法とその解説)には、ユダヤ人の父親は息子のためにいくつかのことを行わなくてはならないとある――「割礼を施せ」「トーラー(モーセ五書)を教えよ」「妻を見つけてやれ」「仕事を教えよ」そして「泳ぎを教えよ」だ。
ニューヨークのアブラハム・ジョシュア・ヘシェル・スクールでユダヤ教の学習プログラムの制作責任者をしているラビのアン・エーバースマンによると、最後の教訓には二つの解釈があるという。まず、通商が海の旅に頼っていた時代にあって、溺れるのを防ぐための泳ぎ。「船は危険だったのです」彼女は説明する。「おそらく溺れ死んだ話がいくつもあったのでしょう。もう一つは、水泳をもっと隠喩的な意味にとらえて、自分の力で何かをマスターできると知ることによる自立の模索です。つまり、水泳は生き抜くうえでの基本的スキルであると同時に処世術の喩《たと》えでもあるのです」

同じことをモハメッドへの助言者でイスラム教の重要な代弁者の一人であるオマル・ビン・アルハッターブも強調している。「子供に水泳とアーチェリーと乗馬を教えなさい」。これは身体だけでなく魂《たましい》のためにもなると解釈される指導である。

もっと現代的な道徳ガイダンスはディズニーのアニメーション映画〈ファインディング・ニモ〉のなかでドリーという名の心の広い青い魚が示している。カクレクマノミ（スズキメダイ科の魚）のマーリンが不機嫌になると、ドリーは彼のヒレをつかんで前方にくねくねと押し出しながら歌う。「気がめいったとき、どうしたらいいか知りたいかい？　ただ泳いで、泳いで、泳ぎ続ければいいんだよ」

インテルの創業者の一人で初代ＣＥＯのアンドリュー・グローヴは、戦禍のハンガリーからの脱出を記録した自叙伝に『泳いで渡る《スイミング・アクロス》』（邦訳『僕の企業は亡命から始まった！』）というタイトルを付けた。グロフと呼ばれていた子供時代を綴《つづ》るなかで、彼が大好きだった高校教師のヴォレンスキー先生が学校の集会で父兄たちに向かって行った演説について触れている。

「人生は大きな湖です。ここの少年たちはみな一つの岸から水に入り、泳ぎ出します。全員が対岸にたどり着けるわけではない。だが、このなかの一人については、必ずたどり着けると確信しています。それはグロフです」

グローヴは両親が「あまりに多くの人にその話をしたので、やがて、わたしが人生の湖を泳いで渡るという話は親戚中で聞き古されてしまった。その話が出るたびに、わたしは励まされ続けた。ヴォレンスキー先生が正しいことを祈った」。先生は正しかった。グローヴは人生の湖を泳いで渡った。そして立ち上がった。彼は自叙伝をこう締めくくっている。「それでも、わたしは今なお泳いでいる」

それはわたしも同じ。だからこの本がある。

本書は泳ぐこととそれがわたしたちの人生にもたらす恩恵への賛歌である。そもそもなぜわたしたちは泳ぐのか、その誘惑、とらえて離さない魅力の分析、そして水中にいることの時間を超越した悦びの探求も行う。また、泳ぐことが長い年月の間にどのように変化してきたか、そして、大昔からあるこの運動が、どのようにかつての孤独なスポーツから今日のむしろ社交的なものに変わったのか。水とわたしたちの関係、魚のようなわたしたちの先祖、そして（さあ、みなさん、おなかを引っ込めて）、水着について。さらに、ラップスイムをより速くこなすための歌もいくつか紹介しよう。

同時に、わたしのヘレスポントス横断泳の進行状況も綴っていく。バイロンがここを泳いで渡ったのは二二歳のときで、タイムは一時間一〇分だった。おそらく一六歳以下だったレアンドロスの夜ごとの遠泳には、その半分しかかからなかっただろう。わたしがその二人の年齢になった年の誕生日の記憶はほとんど忘却の彼方だが、次の誕生日が来たならもはや六〇代ではなくなるので、その前になんとか成し遂げたいと願っている。

泳ぐ水域は慎重に選んだ。挑戦と呼ぶにふさわしい距離であると同時に、理性的に判断して、ひょっとしたらできるかもしれないと思える距離でもある、ひょっとしたら……だけど。

友達には「もし途中で棄権しなくちゃならなくなっても平気、トライするだけで満足だから」と快活に言って安心させた。これは強がりだ。わたしは失敗というものに慣れていない。もう何十年も八〇〇メートルより長い距離を一気に泳いだことがないという事実も、ストロークの一部がサマーキャンプで中途半端に修正されたままになっていることも気にしない。過去八カ月間、自身の限界を探りつつ、このより具体的なゴールに向かって、プールで、湾で、海で、ハードにトレーニングを積んできたのだ。

何であれ、何かの表面を破るという行為には、ワクワクさせられると同時に恐怖がともなう。それが水面だとなおさらだ。指先が作り出したちょっとした漣《さざなみ》さえもが、その下に潜むミステリーをほのめかす。なのに、次の瞬間には、まるであなたがそこに存在しなかったかのように静まりかえる。水は自身を修復し、誰かが——または、あなたが——ふたたび侵入できるよう、どんな小さ

飛び込み男の墓。パエスツム

な痕跡も消してしまう。

わたしがとても興味をそそられる、あるイメージがある。それはイタリアのパエスツムの遺跡にある墓に描かれた、水に、またはどこであれ、最終的な目的地に向かって頭から飛び込む若者の姿だ。彼のターゲットは見えないが、彼が発散する気楽さと高揚感にはうらやましくなる。自分の先にあるものを、たとえそれが何であるかを確信することはできなくても、信頼しきっている。それが、わたしの向かう先でもある。もしあなたがスイマーなら、この感覚は理解してもらえると思う。そうでないなら、ちょっと調べて、何度かレッスンを受けて、思い切って水に飛び込んでみてほしい。

水泳には不思議な魅力がある。そのうえ、あなたの命も救ってくれるのだ。

水泳のトリビア

・推定五一九〇万人のアメリカ人（国民の六人に一人）が年に少なくとも六回は泳ぐ。これにより水泳はウォーキングとワークアウトに次ぐ三番目に人気の高いスポーツとなっている。そのうち、数字的にはぐっと小さくなるが六三〇万人は特に熱心な人たちで、フィットネスや競泳を目的に少なくとも週に一度は泳いでいる。習慣的にランニングやサイクリングをする人に比べればかなり少ないが、おそらくそれは水泳が地上で同じ距離を進むよりも五倍から一〇倍のエネルギーを要求するからだろう。または、みんな、単に髪を濡らしたくないのかもしれない。

・全米で、住宅付設のプール数は一〇四〇万近く、公設のプール数は三〇万九〇〇〇を数える。

・今日、最も頻繁に使用される四種類のストローク、すなわち自由形、平泳ぎ、背泳ぎ、バタフライのうち、最も速いのは自由形だ。かつてそれは「クロール」と呼ばれていた。おそらくこれは次世代の人々にとっては死語になってしまうだろうが、わたしはまだ使っている。本書では、この二つの呼び名は置き換え可能だ。

・平泳ぎを例外として、水泳では脚より腕が重要で、全パワーの八〇パーセントが腕から供給される。

・アメリカの各地にあるリクリエーションセンターのプールの長さは、オリンピック基準のショートコース（二五メートル）に近い二五ヤード（約二三メートル）だ。国際的な基準にはメートル法が使用されるため、約二メートルの差が生じる（一ヤードは約〇・九一メートル）。オリンピックで使用されるプールは五〇メートルで、これはロングコースと呼ばれている。アメリカの一般家庭の裏庭にあるプールの大半は一二メートルである。

・プールの長さと距離の関係はどう計算すればいいのだろう。二五メートルプールでは六四ロング（片道）が一マイル（一・六キロ）に相当する。一二メートルプールでは一三三ロングだ。

・プールはかつてタンクと呼ばれていて、実際に水で満たしたタンクの場合もあれば、単に地面に掘った穴に水を溜めていた場合もあった。タンクのなかで着るものはタンクスーツだった。ラリー・ピアース監督の映画〈グッドバイ・コロンバス〉でブレンダ・パティムキンは

〈多くの泳者たち〉パーシー作

黒のタンクスーツを着ている。数十年後にタンクスーツは「マイヨ」という名に変わったが、着用時の苦痛は相変わらずだ。

- 真水より塩水のほうが、温かい水より冷たい水のほうがよく浮く。どちらでも人は浮くが。
- 史上初のドーバー海峡完泳者は一八七五年のマシュー・ウェブ。女性初は一九二六年、アメリカのガートルード・エダール。今日までの完泳者数は約九〇〇人。これまでで最も唖然とさせられる記録はトリプル横断（行って、戻って、また行く）である。なぜそんなことをしたのかはわからない（一九八八年にフィリップ・ラッシュが行った三回連続海峡横断）。
- 水泳関連のスポーツで最も奇妙なもの――水中ホッケー。
- 今までに発明された最も優れたスイミング用品――ゴーグル。
- スイミング用品について最もいらだたしいこと――キャップをかぶっても髪は濡れる。
- 数多くの文化に水泳にまつわる伝説が浸透している。ヘロとレアンドロスの伝説が事実に基づいている可能性は、マーメイドとマーマン（男の人魚）伝説のそれと変わらない。他にも以下のような言い伝えがある――
- 溺れた人が死ぬまでに三回沈むというのは嘘だ。たったの一回かもしれないし、三三回かもしれない。
- 魔女が普通の人よりよく浮くというのは嘘だ。昔、無知な権威者はその言い伝えを利用して悪魔のような刑罰を考案した。それは「魔女の水責め」と呼ばれていた。魔女の容疑者を鶏のように紐で縛って河川に浸けたり、沈めたりした。浮かび続ければ有罪で死刑になった。

沈んだとしても、やはり死んだだろう。
• 泳ぐ前に何か食べることはあまり勧められないが、そうしたからといって溺れはしない。水に飛び込む前に一時間も待つ必要はない。でも、子供にはそう言わないことだ。食べたものがきちんと消化されてからのほうがいい。

メアリー・サットンの審理（1613年）

2 ウォーターベイビー

わたしたちは歩いたり呼吸したりする前から子宮のなかで泳いでいたのに、そのことを忘れてしまうのだ。しかも繰り返し繰り返し何度も忘れてしまう。同じことが子宮の外でも起きた。古代には泳ぐという行為は普通に行われていたのに、続く数世紀には、ほぼ完全に姿を消してしまった。以降、それは周期的に再発見されながらも、あたかも波のように高くなったり低くなったりし、近代になってついに再浮上した。まず大昔の壁画に残る手書きの文字に少し注意を払ってみよう。

数千年前のエジプトでは、水泳は人々の生活の一部だったので、それを表す象形文字がいくつか存在していた。また、泳ぐ女性の体の形に彫られた細長いスプーンを使って化粧をした女性もいたようだ。

東サハラのいわゆる「泳ぐ人の洞窟」の壁画には、かつてその一帯を灌漑《かんがい》していた先史時代の河川で、きびきびと泳ぐ肉づきのいい民の姿が残っている。金魚ほどの大きさのその姿は、気候の変化によりこの地の海が干上がる前の時代の遺物であり、過去と現在が夢のように溶け合うマイケ

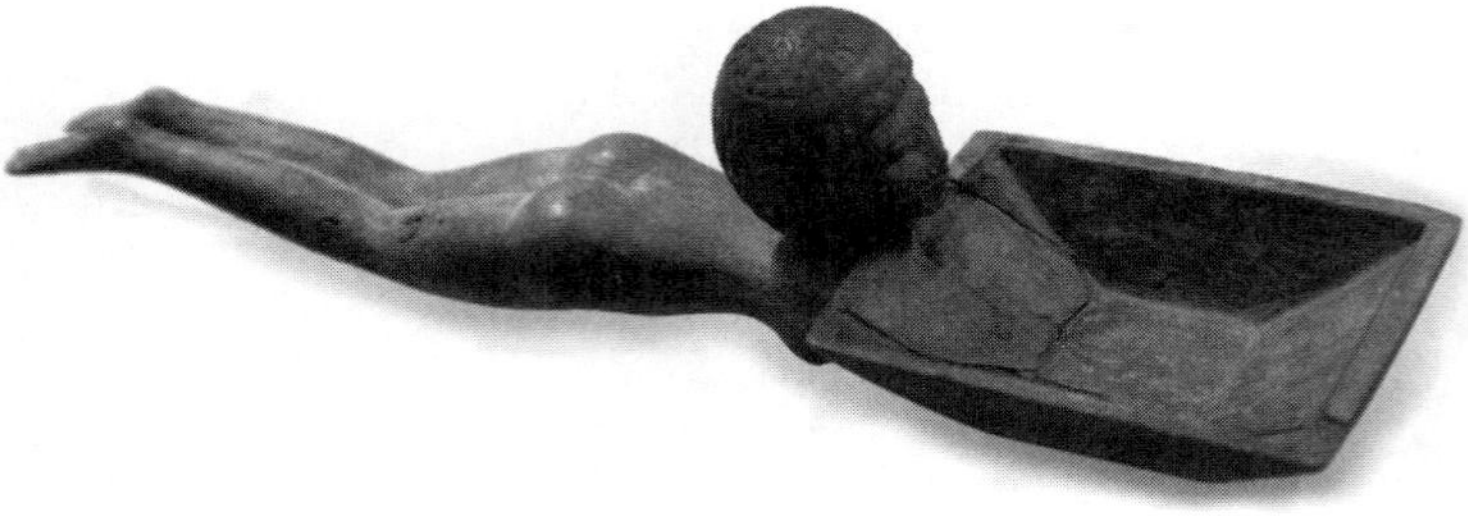

泳者を象《かたど》ったエジプトの化粧用スプーン

ル・オンダーチェ作『イギリス人の患者』で、負傷した飛行士が呼び覚ます記憶を具現化したものだった。オンダーチェに、背景にその花崗岩《かこうがん》の岩窟を選んだ理由を尋ねると、「なぜって、それがとても原始的に思えたからです。砂漠で泳ぐということがね」と語ってくれた。少なくとも一人の考古学者は、壁画に描かれたその幸福そうな人たちは、隣の浜辺に向かって泳いでいるのではなく地下に向かって滑っているのかもしれないと示唆《しさ》しているが、たとえそうであってもストロークについての知識は必要だっただろう。

水泳は古代ギリシャの文化に深く組み込まれていたため、プラトンは「無知な人とは、文字も読めなければ、泳ぐこともできない人である」という、紀元前三六〇年にはよく知られていた諺《ことわざ》を引用している。アレキサンダー大王は泳げない不名誉を悔やんだ。「わたしはこのうえなくみじめな男だ」。彼の率いるマケドニア軍の部隊が、敵の要塞前に横たわる大きな川に直面すると、彼は嘆いた。「ああ、わたしはなぜに泳ぎを習わなかったのか？」。一方、ソクラテスにとっては、水泳は決定的

エジプト象形文字

に重要な生活技能であった。「水泳は人を死から救う」と述べている。

古代の男たちがただ男たちだけに語りかけたからといって、女たち（実在と物語上の両方）がやりたいことを我慢していたわけではない。ただ一人、人間でありながら神ディオニュソスの母として、ギリシャ神話のなかで特別な地位にあるテーベのセメル王女は優美な熟練泳者で、髪の毛を濡らさずに急流をすいすいと泳ぎ、一度水に飛び込むだけで悪夢の恐怖を洗い流したという。また、若い〝アマゾネス〟（ギリシャ神話に登場する、ありえないほど強く美しい女性戦士たち）のグループが赤と黒の花瓶に乗って海の上を滑走しながら、二尾の魚と楽しい午後を分かち合う場面が絵に描かれている。

水泳は若者を英雄に変えた。ローマ時代の貴族は息子たちに男らしい技能の一つとして泳ぎ方を教えた。物語上の不死身の生き物の行為も現実世界の人間の行動も混同されていた時代に、ケンタウルス（半人半馬）のカイロンはアキレスに水泳の訓練を行った。また、『オデッセイ』の感動的な部分には水泳が英雄的資質として描写されている。戦士オデッセウスは一〇年に

泳ぐアフロディーテ。古いコイン

もおよんだトロイ戦争と七度の航海のあとで故郷に帰る道を探していた。すると、ポセイドンが猛烈な嵐を引き起こした。疲れ切った戦士は二日以上も葡萄酒《ぶどう》のように黒々とした水の中に投げ込まれた。親切な女神レウコテアが命綱代わりのスカーフを投げ、アテナは風を鎮《しず》めたが、殺人的な波の中で最終的にオデッセウスにパワーを与えたのは彼自身の驚異的な技能だった。彼は「頭から海に飛び込み――」とホメロスは語る。「腕を大きくのばし、死に物狂いで水をかいた」

水泳はまた武術の一つでもあった。

紀元前九世紀の一連のレリーフには、現在の北イラク、モースルに近い古代アッシリアの首都ニネヴェの戦いの模様が描かれている。そこで戦士たちは驚くほど多様な水中スキルを披露している。二頭筋の大きく膨らんだ筋肉隆々の戦士が、人で鈴なりになったボートを引いているし、他の何人かは矢筒や盾を背負い、ムスクと呼ばれる空気で膨らませた山羊革（古代の浮き輪）に乗ってこっそり川を渡っている。その間、援護部隊は筏《いかだ》で侵略に加わる準備をしている。こういったことすべてが、魚の群れ（人間と変わらないサイズの魚もいる）をよけつつ行われている。

さらに東方に目を向けると、数世紀後の中国では、激動の戦国時代の青銅器に熾烈《しれつ》な海戦の模様が残されている。船首と船首を突き合わせた船の上では戦士たちが長い槍《やり》や短い剣で闘っている。

ムスクに乗って魚とともに川を渡る武装したアッシリア人

甲板の下、いや、それよりさらに下に目を移せば、三人のしなやかな泳ぎ手が船体の下で今にも闘わんばかりだ。この、アメリカ海軍特殊部隊ＳＥＡＬＳの先駆者たちは、中国で発見された泳ぐ人間が描かれたもののなかでは最も古い部類に入る。ここでもふたたび、巨大な魚がともに描かれていることが、この描写が事実に基づくと証明している。

ギリシャでは、少なくとも軍事的大勝利の一つは水泳によりもたらされた。紀元前四八〇年、ペルシャ戦争のさなか、スキュリアスという有名な潜水夫と彼の才能豊かな娘シアナ（またはヒュドナ）はサラミス湾で水中を泳いでいってペルシャ軍の船の錨綱《いかりづな》を切った。それにより引き起こされたカオスにより戦況はギリシャ軍に有利に傾き、勝利がもたらされたが、それは両軍の水泳の技量の差によるところが大きかった。「ギリシャ軍の死者はほんの数人だった」とへ

水中の戦士。中国の青銅製花瓶（紀元前４〜５世紀）

ロドトスは書いている。「なぜなら、彼らは泳げたので、敵により即座に殺された者以外は全員が沈む船から逃れてサラミスまで泳いだからだ。だが、バーバリアン（古代ギリシャ・ローマでは非ギリシャ人・非ローマ人はこう呼ばれていた）は泳げなかったので、他のどんな原因よりも溺れて命を落とす者が多かった」。この話のすべての部分が真実だとされているわけではない。伝説では、その後、有能なスキュリアスは潜水で一三キロも先のアルテミシウムのギリシャ軍基地まで、自らの功績を報告しにいったことになっている。「わたしの考えでは」と前置きしながら「ボートで行ったに違いない」とヘロドトスは言っている。

　ローマでは、テベレ川にかかる橋を仲間が壊している間に、プブリウス・ホラティウス・コクレスが一人でエトルリア人の侵攻を阻止していたという話は有名だ。その後、重い傷を負いながらも、彼はすべての武具を身に着けて、勇敢にも泳いで安全なところまで逃げおおせた。武器も命も失わなかった。負けずと大胆不敵なのが、のちに現れたクローリアという若いローマ人女性だった。捕虜になった妹を救出し、勇敢にもテベレ川を泳ぎ渡って、同じくエトルリア人の侵略者から逃れている。二つの話はおそらく伝説にすぎないのだろうが、それは問題ではない。ローマでは水泳が武勇のシンボルとして、また尊敬の対象として人々の会話にのぼっていたということだ。

共和政ローマの栄光のために泳いだ最も有名なローマ人はユリウス・カエサルである。アレクサンドリアで勃発した反乱の間に、彼は後ろ髪をひかれながらもクレオパトラと別れ、剣とエジプト人の船をかわしながら、プルタルコスによると「海に飛び込み、やっとのことで泳いで逃げた」。歴史家によると、カエサルは当時五〇代ながら、剣と紫のマントを口にくわえ、書類を頭上に高く掲げながら、三〇〇メートル近く（オリンピックプール三往復分）を泳ぎきった。彼の片手による高速水泳のおかげで、プトレマイオスは殺害され、クレオパトラはエジプトの女王として宣言した。

カエサルがエジプトでの逃亡を身軽にするため賢明にもマントを脱いでいる一方で、重い金属をまとって泳ぐことはローマ人の誇りの象徴ともなっていた。スキピオ・アフリカヌスは兵士の一人一人に「胸当てで海の流れを止める」という、厄介だが便利な芸当を仕込んだ。彼らは、頭から爪先まで鉄製の鎧《よろい》で固めて激流を歩いて渡ったゲルマン民族の部族民を手本にしていた。

紀元四世紀になると、ローマ帝国の軍事学者のウェゲティウスが全軍に水泳の訓練を推奨した。彼は著した教本に、全身を鎧で覆った戦士が、障害物を取り除くための剣を一本手にしただけで川底を突き進んでいく、実現可能ではないにしても参考にはなる挿絵を載せた。どうやって呼吸をす

非現実的な装備のローマ時代の水泳兵
ウェゲティウス作

ればいいかについての説明はない。まわりの魚たちにとっては、それは問題ではなかっただろうが。

　戦士たちは次の千年間、水中にとどまった。架空の人物、英雄ベオウルフは鎖《くさり》帷子《かたびら》をまとい、海中で七夜を過ごす間に三〇回着替えをした。アーサー王の勇敢な〃円卓の騎士〃ランスロット卿も同様の挑戦に直面したが、簡単にやれると言ってのけている。これはブロードウェイのミュージカル〈キャメロット〉の原作になった。ランスロット卿は魅力たっぷりの自画自賛ソング〈セ・モア〉で、彼にとって「無敵」の意味は、彼にとってすら不可能な「重い鉄の鎖帷子（少なくとも重さ二五キロ）を着て堀を泳ぐ」といった芸当ができることであると豪語する。ランスロット卿さえもが、それがドラゴン退治と同じくらい困難きわまりなく、結果的に恥をかく羽目になりかねない行為だと理解している。彼の同僚のガウエイン卿には、ヘルメットと鉄の脛《すね》当てを付けたまま、グィネヴィア王妃の城を囲む深い水の中に転がり落ち、なすすべもなくあっぷあっぷした経験がある。「浮かんだと思ったら沈んでいる彼」を救出しようとする戦士たちの様子を、クレティアン・ド・トロワは「一瞬、彼らの姿が見えるが、次の瞬間には視界から消えていた」と描写している。哀れ、ガウェイン卿はついに長い鉤《かぎ》状の棒と枝で引き上げられたが、ずぶ濡れで、口もきけない有様であった。

このように、中世には水泳は軍事的な機能に移行した。主にそれは敵の侵入を防ぐために設けられた堀で使用された。その衰退もまた、ローマ時代の酒宴から体の曲線を露出することまですべてを禁止した教会のせいであるとする歴史家もいる。水と肉体の交わりの禁止――水遊びすら異教徒の儀式と見なされた――は、汚染された水に潜む病気に対する恐怖の警告を発した見当違いの医学によりもたらされたと見る人たちもいる。不道徳に対する告発と無知の両方が働いたのだ。ヨーロッパが知性の暗黒時代に突入すると、水泳はわずかな例外を除いて消え失せた。

それはルネッサンスの夜明けとともにふたたび姿を現した。

イギリスで印刷物に水泳が初めて登場したのは一五三一年で、百科事典(encyclopedia)という言葉を創り出したトーマス・エリオット卿による、イギリス紳士を目指す人たちのための手引き書として名高い『為政者論』においてだった。彼はこのように書いている。

「戦争の危険きわまりない状況下で非常に役立つ運動がある。しかし、その習得にはある程度の危険が伴うと思われているうえに、長い間、特に貴族にはあまり活用されていなかったので、おそらくほとんど評価していない読者もいることだろう」

そして、古い英語でこう締めくくっている。「つまり、わたしは水泳のことを言っているのだ」

七年後、スイスドイツ語を専門とするニコラウス・ヴァイマン教授が、世界初となる全編水泳に

ついての本 *Colymbetes*（スイマー、水泳法）を出版した。年長者のパンピルスが年下のエロテスに泳ぎ方を教えるという会話の形がとられたこの本は、ストロークを描写した最初の印刷物であり、また、水泳が素晴らしい世界を広げてくれるという初めての暗示の書でもあった。だが、ラテン語で書かれていたために、その影響は限られていた。ところが、ある翻訳家が実に的を射たフレーズを使用した――一六世紀の水泳関連イディオム大賞をあげたいくらいだ。レッスンが終わると、パンピルスは「内面も濡れた」状態になるよう、エロテスを自宅に招いたとある。内面も濡れた状態――これはおそらく「深い眠りを必要とする人には、（オイルを）三度塗り、テベレ川を三度泳いで渡らせなさい。そして夜の訪れとともにワインで気分転換させなさい」という、不眠症に対するアドバイスを皮肉っぽく記したローマ時代の詩人ホレスの生み出した概念だ。これで内も外も濡れた状態になるという。

こういったことすべては、やがて訪れる本格的な飛躍の序文に過ぎなかった。

一五八七年、聖職者で哲学者でもあるエヴァラード・ディグビー牧師が、水泳を「無知の深淵と忘却の粉塵《ふんじん》から救う」ために、『泳法について』という小さな教本を著した。この約一三センチ×一八センチの書物の水泳史における重要性は、どんなに評価しても足りないくらいだ。近代において初めて水泳が、スポーツ、技能、リクリエーション、つまり〝楽しみ〟のために、すなわち単に敵を撃退するためではなく、それ自体を目的に行うものとして教えられたのだ。

もちろん、救命も一つの動機であった。イングランドの海岸や流れの速い川や湖では、毎年、多くの命が奪われていた。ディグビーは「膨れ上がる海の貪欲な顎《あご》から」人命を救うことを目指していた。

彼は、しかし、彼自身がいうところの「誰もが行う必要のある何か」に人々が注目しただけで満足する気はなかった。懐疑的な聴衆を対象にすることで——彼もまた社会の上層部の言語であるラテン語で著した——、ヒポクラテスやガレノスが医学で、アリストテレスがリベラルアーツで、メルカトールが世界地図で達成したものを水泳で手に入れようとしていたのだ。ディグビーは大胆にも、人間（当時のことであるから"man"と明確に範囲を定めている）は生まれつき、魚よりもうまく泳げるとさえ主張している。のちに同書の翻訳者の一人が記しているように、「人間は顔を上げても下げても、体の右を下にしても左を下にしても、立っても座っても横になっても泳げ、服やら何やらを安全に運びながら泳ぐこともできれば、水底を歩くことだってできるのに、魚や他の生物にはそんなことはできない」からだ。

オープンウォーターしか選択肢がなかった時代にあって、彼は次のような実用的なアドバイスを授けている——泳ぐのは夏の昼間だけにしなさい。雑草や水草の多い場所では泳がないように。ぬるぬるしたものに汚染されていない水のきれいな場所を探しなさい。

さらに、身体を片側から別の側へとターンさせる方法を読者に教えている。これは突然「船にぶつかりそうになったときにすこぶる役立つ技である。同様に、ライオンや熊や猛犬が川に潜んでいた場合にも役立つ」。また、バディシステム（二人組で泳ぐ）を初めて勧めたのもおそらく彼であった。初心者には「自分より背が高くて、より強いパートナー」を見つけるよう、抜け目なく提案している。

このように水泳の効用を確信していたディグビーは、その一一四ページの専門書の飛び込みの部分を四三点のかわいらしい木版画イラストで飾っている。たとえば、下段右は水への入り方で、岸辺からゆっくり歩いて入るようにとある。左は背泳ぎの仕方だ。

ディグビーは子供が見せびらかしたくて行う高飛び込みや、水中での悪ふざけまで紹介している。次ページの挿絵は、水中で足の爪を切る方法で、地上やベッドの上でするよりかなり楽だという説明が添えられている。「簡単に足の指を洗えるだろう」とも。

今日、ディグビー牧師のこの小さな専門書は、知られている限り一〇冊にも満たない冊数が、大きな図書館の希少本コレクションに所蔵されているだけだ。それ以外の一冊は二〇〇七年に一五万ドル以上で取引された。水泳の恩恵についてのその風変わりだが正確な理解はわたしたた

ちを魅了するが、この本もまた、教育を受けたごく一部の人しか読むことはできなかっただろう。エヴァラード・ディグビー牧師が亡くなった少しあとに、彼と同姓同名の人物が国王の暗殺を謀《はか》って失敗に終わった火薬陰謀事件(今ではガイ・フォークス・デーという行事で祝われている)の共謀者の一人として死刑になった。こちらのディグビーはもしかしたら著者とは遠い親戚だったかもしれない。

『泳法について』はチューダー朝のイングランドではあまり知られることはなかったが、最終的には自身の読者を見つけることになる。その小さな一冊が初めて出版されてから一世紀以上ものちの一六九六年までには、それは短縮され、英語に二度、フランス語に一度翻訳されていた。不運にも、翻訳者のうち二人がディグビーをあまり評価していなかったので、いったんその名は歴史のなかにほぼ埋もれてしまった。だが、

やがて彼のメッセージは広まることになる。ルイ一四世のお抱え司書だったメルキセデク・テヴノの翻訳したフランス語版が英語に翻訳されると、成長過程にあったそのスポーツの上昇気流に乗り、ある歴史家によると「フランスとイギリスで、水泳に関する最も人気の高い本」になったのだ。

テヴノ訳の熱狂的ファンの一人が、一八世紀初頭にロンドンで印刷工をしていた、ベンジャミン・フランクリンという名のアメリカ人のティーンエイジャーであった。

「子供のころからこの運動に大いなる喜びを感じ、テヴノの本から動作と姿勢のすべてを学び、練習した」と、何年ものちに彼は自叙伝に綴っている。フランクリンは水泳を見事に習得し、「役立つと同時に、優美で楽な」動きをマスターし、自らの才能を実演してみせた。一度など、ボートでテムズ川を航行していた折りに、裸になって飛び込むよう友人たちに説得され、「チェルシーからブラックフライヤーズまで」の五・六キロを泳ぎ、「途中、水上と水中の両方で数多くの離れ業をやってのけ、そのようなものは目にしたこともない人々を驚かせ、喜ばせた」。フランクリンはまた、おそらくは世界初であったスイムパドルを発明している。それは「二枚の楕円形のパレットで、それぞれが長さ約二五センチ幅一五センチ、親指を通す穴が開いていて……画家のパレットによく似ていた」という。

フランクリンは水泳が「自分の経験から言って」下痢から不眠症まで（「夕方に一、二時間泳いだあとは、猛烈に暑い夏にあっても、夜中じゅう涼しく眠れる」）、すべてを治すと書いている。それはホレスの勧めるクラレット（フランス産赤ワイン）抜きででもだ。彼はすべての人に泳ぎを習うよう勧めている。フランクリンの泳法に感銘を受けた貴族の一人からは、気前よく支払うから息子二人に水泳を教えてやってくれないかと頼まれた。「この出来事から――」とフランクリンはのちに綴っている。「もしイングランドにとどまって水泳学校を開いたら、大金が手に入るかもしれないと思った。それに、その申し入れがもっと早くにあったなら、たぶん、こんなに早くアメリカに帰ろうとはしなかっただろうと強く思ったものだ」

若い共和国アメリカにとって幸運だったことに、彼は帰ってきた。

大西洋の反対側は、ロンドンとはまるで事情が違っていた。当時、アメリカには水泳についての本もなければ、泳法といったものもほとんど存在せず、ほんの一握りの入植者たちがヴァージニアのジェームズ川やボストンのチャールズ川、フィラデルフィアのスクールキル川などで勇敢にも泳いでいただけであった。

ジョン・クインシー・アダムズ大統領はポトマック川で毎朝五時に泳いでいた――しかも裸で。これはあまりに特異な習慣だったため、一世紀以上ものちになって、ホワイトハウスの記者会見に話題としてもちあがった。当時のハリー・S・トルーマン大統領は、かつてアダムズ大統領へのインタビューを取れずにイライラしていたアン・ロイオールという名のアメリカ初のプロ女性記者についての、まったく裏付けのない逸話を披露するのが好きだった。ある朝、彼女は川までアダムズ大統領のあとをつけていったらしい。そして彼の服を掻《か》き集め、大統領が彼女のするすべての質問に答え終わるまでその上に座り続けたという。「これはきみがおもしろがると思ってね」とトルーマンはメイン州ポートランドの〈プレスヘラルド〉紙の、やはり執拗な女性記者メイ・クレイグをからかった。アダムズのように彼もまた、クレイグの勇気を称賛していたと言われている。

アダムズ大統領の有名な水泳については、彼の品格どころではない大きなものが危険にさらされた出来事があった。一八二五年六月のある日、彼は小さなボートで、ホワイトハウスの裏を流れてやがてポトマック川に注ぐタイバー川を出発した。近侍のアントワーヌ・グイスタとともに服を着たまま漕いで渡り、泳いで戻る計画だった。だが、気まぐれな風と突然の嵐のせいでちゃちなボートが浸水し、沈んでしまったので、アダムズとグイスタは対岸目指して死に物狂いで泳がなければならなかった。グイスタは服を脱ぎ捨てたので楽々たどり着くことができたが、大統領は長袖の上着とズボンのせいで、あわや川底まで沈むところだった。のちに彼は日記に「命からがら息をしようともがいている間、わたしには自分の判断力について熟考する時間がたっぷりあった」と綴っている。アダムズは濡れた服を近侍に手渡し、助けを呼ぶために歩いて戻らせた。その間、彼は大統領執務室から急流で八〇〇メートルも離れた場所に、全裸で五時間も座っていた。最終的に馬車が彼を連れ帰ったので、副大統領のジョン・C・キャルホーンが国を治めるチャンスは消え失せた。「神のご加護のおかげで、わたしたちは命拾いをした」とアダムズは記している。妻のルイザの強い勧めで、彼はガーデニングの喜びを発見した。今日、タイバー川の名残がコンスティテューション通りの下を流れている。

ベンのウインドサーフィン

ベンジャミン・フランクリンは「水泳は世界で最も健康的で快適な運動の一つだ」としながらも、「腕と脚で漕ぎ進むのは、横断する距離によっては根気のいる重労働になりかねない」と認めている。以下は彼の解決策だ。

子供のころ、ある日、紙製の凧《たこ》で遊んでいると、幅が一・五キロ近い池の淵に近づいていったので、小枝のくくり付けてある糸を杭《くい》に縛り付けた。わたしが泳いでいる間に、凧は池の上をかなりの高さまで上がっていった。少しするとまた凧で遊びたくなり、同時に水泳も楽しんでいたので、もとの場所に戻り、糸を杭からはずした。ふたたび水の中に入っていき、手で小枝を握ったまま仰向けに浮いていると、水面をとても気持ちよく引っ張られていった。別の少年に池を回ってわたしの指し示す対岸まで服を運んでくれるよう頼み、わたしは池の上を凧に引っ張られて、まったく疲れることなく、最高に気持ちよくすいすいと進んでいった。

途中、ほんのたまにスピードの出すぎにより凧が低くなりすぎると、少しストップして、進行に抗わなくてはならなかった。そうしておいて、凧をふたたび高く揚げた。以来、一度もこの奇妙な形態の水泳を試したことはないが、この方法でドーバーからカレーまでを横断することはけっして不可能ではないと思う。とはいえ、定期船のほうが、やはり好ましい。

大統領とプール

ジョン・クインシー・アダムズ大統領のあとにも水泳好きの合衆国大統領は続く。まずアウトドア派のセオドア・ルーズベルト大統領だが、やはりポトマック川を素っ裸で泳ぎ、さらに「早春のまだ分厚い氷の浮いているロック・クリークでも泳いだ」そうだ。スポーツマンのジェラルド・フォード大統領は、ホワイトハウスに屋外プールを作らせた。ロナルド・レーガン大統領はかつてライフガードだったときに七七

人の命を救ったという報告がある。筋肉隆々で有名なバラク・オバマ大統領は、二〇〇八年にハワイの海で、上半身裸で波をかき分けて歩いている写真がタブロイド紙の華々しい見出しになった。次回の遠出の折りには、ホワイトハウスが露出部分を制限した。結果、彼が二〇一〇年にフロリダの海に飛び込んだときには、報道陣はお抱えカメラマンによる慎み深い写真で我慢しなければならなかった。

一九三三年には、ポリオを患《わずら》ったフランクリン・デラーノ・ルーズベルト大統領がいくらかでも運動ができるようにと、ホワイトハウスの洗濯室が屋内プールに改造された。ジョン・F・ケネディ大統領は持病の腰痛をやわらげるためもあって、それを真昼の全裸での一泳ぎに使った。一九六九年、リチャード・ニクソン大統領（砂浜をソックスに靴で歩いているところを写真に撮られたこともある）がそれを煉瓦《れんが》で覆《おお》い、皮肉なことにプレスルームに変えた。今日もタイル張りのプールはその下に、空っぽのまま、使われることなく存している。報道官や行政担当者たちが記者たちと対面するときに上る演壇は、プールのいちばん深い部分の真上に位置している。

アメリカ人が水を楽しむ正統な方法と格闘している間に、他の文化圏の泳ぎ手たちは自然な優雅さでもって技に磨きをかけていた。ポリネシアやカリブの先住民たちは真珠《しんじゅ》取りのために潜り、食料採取のために泳ぐ軽やかな姿が無数に描写されている。またハーマン・メルヴィルは、南太平洋で過ごした数カ月をベースにした小説『タイピー』のなかで、マルケサス諸島の女たちの泳ぎっぷりを次のように描写している。

「ときに水面のすぐ下を、特に手足を動かすでもなく滑るように進んでいるところを見かける。すると急に横向きになり、水中を矢のように突進する。瞬間的に空中に体の一部が飛び出すので、たまに姿が垣間見える。今、水中深く潜っていると思うと、次の瞬間にはもう水面まで急上昇している」

アメリカ先住民もまた、画家のジョージ・カトリンがミズーリ川上流のマンダン村で観察したように、熟達した泳ぎ手だった。「彼ら全員が達者な泳ぎを身につけている」と記している。「彼らのなかでいちばん下手な泳ぎ手でさえ、ミズーリの渦巻く流れにひるむことなく飛び込み、実に楽々と横断する。男女ともごく小さいうちから泳ぎを習い、女性たちは強くたくましくなった筋肉で子供を背負って、どんな川に出くわそうとうまく渡る」。ミナタリー族の女性の一団は「長い黒髪を水面になびかせ、カワウソやビーバーの群れのように悠々と泳ぐ」

アフリカのさまざまな部族民も、楽々と泳ぐ姿で多くの旅人たちを魅了した。一四五四年には、波をかいくぐって泳いでいく西アフリカ人のグループを見たヴェネチア市民の探検家カドモストは、彼らのことを「世界一の泳ぎ手」と呼んでいる。一八世紀のスコットランド人探検家マンゴー・パークはイサッコという名のアフリカ人ガイドを連れていた。イサッコが川を泳いで渡ろうとしたとき、巨大なワニがその太腿《ふともも》に噛みついた。当時、報告された話によると、ワニは「普通なら、間違いなくそのばかでかい顎で腿を噛み砕いて引きちぎっていただろう。だが、その黒人はワニと同じ

急流を渡るドンゴラ（北アフリカ、スーダン）の男たち

くらい潜水にも泳ぎにも達者だったので、素早く体を回転させ、両の親指をワニの目に突っ込み、えぐり出した」。ワニがもう一方の太腿をとらえると、イサッコはさきほどと同じ罰を与えた。ついにワニは彼を放した。イサッコが安全な場所まで泳いで逃げたところで、パークが傷口の手当てをして救援を締めくくった。

こういった話はヨーロッパでむさぼるように読まれ、ついに水泳の流行に火がついた。かくして一九世紀は水泳の世紀となり、男も女も海岸に押し寄せはじめた。健康促進運動として始まったものが――海は下層の民を洗う公衆浴場だったのだ――まもなくスポーツ熱に変わった。水泳クラブが設立され、屋内プールで行われるものも含む競泳大会も開催された。スイミングスクールがパリに、ウイーンに、そのうちヨーロッパ中にオープンした。スクールまで行けなくても、たくさんの教本があった。大半はまだ

クールティヴロンが発明した銃を濡らさない仕掛け

パイオニアのディグビーの本の盗作だったが、なかには実際に貴重な新しい情報を授けるものもあった。一九三〇年代になるころには、便利なことに、各ストロークについての解説が印刷された名刺サイズのカードが、タバコの箱におまけとして付けられた。禁煙の方法についての役立つヒントは載っていなかったが。

一八七八年には、イギリス海軍が初めて海兵全員に泳げることを義務づけた。そして、ウェゲティウスが水中で武装兵士たちを率いようと試みてから二〇〇〇年以上もあとに、クールティヴロン子爵というフランス騎兵隊将校が火薬を濡らすことなく泳ぐ方法を思いついた。ライフルの床尾を固定する特製の留め具と、トリガーガードを結び付けるフックの付いたスチール製ヘルメットを発明したのだ。ヘルメットは兵士の頭に載っていて、しかもその頭は呼吸するために水上に出続けていることが望ましいので、この巧妙なデザインにより銃剣と弾薬筒も濡れることから守られた。

ある日、クールティヴロン子爵はセーヌ川でこのヘルメットのデモンストレーションを行った。歩兵の軍服に全身を固めて川に入り、速い流れをものともせず、銃に弾を詰めては発砲するということを一四回繰り返した。少なくとも一紙はこの訓練を「水中の離れわざ」と呼び、二人の地味な泳者がリバプールで約二五キロを泳ぎきったという記事と抱き合わせて記事にした。

水上の見せ物の時代が到来し、大衆の欲望は際限がなくなった。ロンドンでは大勢の観客がテムズ川に繰り出し、有名な水泳一家の娘で一四歳のアグネス・ベックウィズが、ロンドンブリッジからグリニッジまでの難しい流れの八キロを、しぶきを上げながら一時間七分ちょっとで泳ぎきるのを応援した。これは新記録だった。七日後には、別の若い女性がこの記録を破った。ロンドンのアルハンブラ劇場では、綱渡りのサーカスで有名なフライング一族の十代のスター、エリーゼ・ワレンダが、前面がガラスになったタンクの水の中に四分四五秒とどまって、その間に服を脱ぎ、スレート板に何かを書き、縫物をし、葡萄を食べた。見物人のひとりが「この偉業には一つ、大きな難点がある。それは、重篤《じゅうとく》または死に至る事故につながる危険性がきわめて高いことだ」と記している。案の定、ワレンダ嬢は意識不明の状態で浮かび上がったが蘇生した。水中芸人たちがファンを喜ばせるためにどこまで極端に走るかを典型的に示したのは、スッチという芸名のイタリア人だった。彼は数週間の断食をした後に、少なくとも一度、王立水族館に泳ぎにいっている。彼のファンも見物にいった。水泳は流行っただけでなく、空虚《inane》なものになっていた。

一八七五年にはさらにハードルが高くなった。マシュー・ウェブという、自ら水を愛すると認める体格のいいイギリス人艦長が、バイロンのヘレスポントス横断泳についての報告を興味深く読み、それまで泳ぐことは不可能とされていた海、すなわちドーバー海峡を泳いで渡ったのだ。イギリスとフランスの間に横たわる三四キロのこの通廊の横断泳は、水泳界のエヴェレスト登頂にも匹敵する快挙だ。カエサルは紀元五五年にそこを帆船で渡り、イギリス諸島に水泳と公衆浴場をもたらした。今回、ウェブは当時人気だった平泳ぎで逆方向を泳ぎ、国際的なスターになった。まるで泡立て器で撹拌《かくはん》されているかのような灰緑色の荒海に加え、無慈悲な潮流のせいで、彼が泳いだ距離は六三キロにもなったが、その二一時間四五分の間にウェブはただドーバー海峡を征服しただけでなく、彼以前に存在したすべての有名な泳者を超えた。イギリスのユーモア雑誌〈パンチ〉は彼の功績を切れ味鋭いユーモアで称えた。

バンザーイ！　大胆不敵なウェブ艦長
断固たる意志の司令官！
バイロン卿をはるかにしのぎ、
エイケンヘッドも、レアンドロスも敵じゃない
レアンドロスといえば、その名声は
落ちるところまで落ち、ほとんどゼロ
どうして比べられるだろう、ウェブ艦長と
彼こそが真のヒーローだ

ウェブのこの快挙は彼の名をイギリス人の意識に焼きつけ、結果、ありとあらゆる公共プールに熱くなった人々が押し寄せた。国中で少年たちは水泳を習いたいとせがみ、付近の池や川に群がった。一八九六年に水泳が第一回近代オリンピックの正式種目になるころには、水泳の優勝者はセレブリティとなり、スポーツとしての水泳はその原点をはるかに超えるものとなっていた。

マシュー・ウェブ艦長

二〇世紀にアメリカでは目にも止まらぬ速さで変化が起きた。大西洋北東海岸のソフトな砂浜から、フロリダのヤシの木陰に縁取られたターコイズの海、そして南カリフォルニアへと、とどまるところなく拡張し続けるビーチで、水泳の魅力は一挙に広まっていった。ニューヨークのコニーアイランドやニュージャージー州アトランティック・シティは単に海水浴をする場所ではなく、ライブバンドの音楽とともに泳ぎを楽しむリゾートになった。自治体の運営するプールのおかげで、水泳は一般大衆のものになり、エキゾチックなデザインのプールはハリウッドセレブの贅沢品になった。

すると、一九歳のニューヨーカー、ガートルード・エダールがなめらかなクロールと勝利の微笑で、水泳の人気を成層圏にまで押し上げた。一九二六年、彼女は女性初のドーバー海峡完泳者になると同時に、男女両方の新タイムを打ち立てた。それは、その後二四年間、破られなかった。マンハッタンではニューヨーク史上最大の紙吹雪パレードに二〇〇万人が繰り出した。全国で六万人以上の女性がアメリカ赤十字社の水難救助認定証を取得した。

ドーバー海峡を初めてクロールで
横断したガートルード・エダール

ジョニー・ワイズミュラー、バスター・クラブ、エスター・ウィリアムズ、エレノア・ホルムなど、アメリカ人のスター選手たちの新しい波が、大衆文化を洪水のような光で満たした。彼らは水泳の世界記録を破り、銀幕を輝かせた。水のカーテンを隔《へだ》てたステージに登場するスーパースターのスイマーたちで、アクアケード――しぶきを上げる新しい形態のエンターテインメントを表す新語――は、何百万ものアメリカ人を魅了した。

「一九二〇年代と三〇年代には、水泳はアメリカで最も人気の高いリクリエーションでした」。フロリダ州フォート・ローダーデールにある水泳殿堂博物館のCEOかつ館長のブルース・ウィゴは説明する。「それに、多くの遊園地で、いちばん人気のアトラクションはプールだったのです」

わたしがそこを訪れたのは、水泳関係の記念品では間違いなく全米一のコレクションを見るためだった。ウィゴのいかにもライフガードらしいルックスとウェーヴのかかった金髪は、元競泳選手かつ水球の精鋭選手という彼の経歴を反映している。箱にぎっしり詰まった、屋外プールや屋内タンクが文字どおり人であふれ返っている図柄の古いカラー絵葉書を、彼はパラパラとめくっていった。

「これをごらんなさい。日に四〇〇〇人ですよ！　そしてこれ、二〇〇万ガロンの水！　これらは巨大な水遊びの場です」。水の世界に捧げた二階建ての殿堂内の展示品の間を、はりきって案内してくれる。メダル、画像、水泳のスターたちについての詳細な解説、加えて、海よりむしろオートバイにふさわしい革製ゴーグルといった昔の水泳用品。ハワイアンのシャツとレイで飾られたハワイ出身のオリンピック選手デューク・カハナモクの記念コーナーもある。水着の発達史コーナーにはエダールがドーバー海峡で着用した、胸に星条旗を縫い付けたシルク製のセパレーツや、現代の全身を覆うピンクの〝ブルキニ〟（イスラム教徒の女性用水着）が展示されている。

ウィゴ個人の水泳に対する情熱は、オフィスの外に広がる海での毎日の泳ぎで満たされている。海水の温度は、わたしがいっしょに泳いだ日にはパーフェクトな二八度だった。それはわたしが行った数多くの泳ぎながらのインタビューの一つで、一見のどかそうだが型破りでもあり、優れた記憶力が要求された。ウィゴのパワフルなクロールには学ぶことが多く、彼の海に対する愛がひしひしと伝わってきた。

エダールは水着を自分で縫った。水泳殿堂博物館

「海に飛び込んだとたん、別世界にいるかのように感じます」とウィゴは言う。「重力がない。頭を水に浸けると音さえ聞こえない。ウミガメや魚たちといっしょに泳ぎ、ときには、巨大なものが通りすぎるのを目撃することもある。何かスピリチュアルなものがある。海に入ったとたん、地上のすべてが消え失せます。思考するにもぴったりだ。気を散らすものはありませんからね」。のちに、近くのレストランでコーヒーを飲みながら、もっと詳しく聞いた。「これは――」バックで鳴っている録音された音楽のことだ。「これはオーウェリアン（『1984年』でオーウェルが描いた全体主義的管理主義社会）ですよ。どこに行こうが音楽が流れている。これって、人々

に考えさせないためなんでしょうかね?」。では、彼は水中でどんなことを考えるのか、訊いてみた。「世界や仕事、家族の問題の解決方法です」

その一つは水泳の歴史の別の側面についてであり、昨今のアメリカで表面化しつつある問題だった。

「南北戦争以前は、白人よりも多くの黒人が泳いでいた。ところが白人が水泳を〝発見〟すると、黒人は安全なビーチや国中のプールから完全に締め出されてしまった」ウィゴは激昂する。「そして白人文化は、他のおそらく何よりもプールにおける人種差別撤廃に激しく抵抗しました」。彼は法や偏見が白人以外のすべての人々を水から締め出した人種隔離時代の数十年に起きた醜い事件や悪意に満ちた暴動を思い出させた。多くのプールが人種差別撤廃に応じるくらいなら、むしろ、ただ閉鎖したのだ。

〝黒人用〟プールを建設する動きは、一九四〇年のニューヨーク市公園局による、黒い肌のスイマーを白い肌の者たちから分離する「水泳を習おう」というポスターで、あからさまに宣伝された。ウィゴに言わせると「〝分離はしているが平等な〟施設を提供しようとする窮余の一策」だった。だが、それも手遅れだった。「すでに黒人コミュニティの水泳文化は破壊されてしまっていた」からだ。

こうしてアフリカ系アメリカ人は数世代にわたり水泳の伝統を受け継がずに成長してしまった。その結果、「黒人の最もよく知られたステレオタイプが〝カナヅチ〟です。黒人の子供とスイミングチームの話でもしてごらんなさい。彼らは黒人の友達になんて思われるか心配しますよ。〝白人

差別社会のなかで泳ぐ方法。水泳を奨励するキャンペーン・ポスターより

のまねをしている〟ってことになるんですから」

この傾向をくつがえすために、いくつかの顕著な試みが進行中だ。ウィゴは博物館を宣伝し、わざわざアフリカ系アメリカ人のツーリストを招いて、黒人スイマーの豊かな歴史を紹介したり、泳ぎの達者な奴隷が、船が難破した際に泳げない主人を救助した数多くの事件に関する展示を見せたりしている。

彼はまた、かつてアメリカ人をとりこにした巨大なレジャー施設のような公共プールの増設も推し進めている。

「人々は自宅の裏庭や私設クラブにプールを作った……気に入らない人間と交わらなくてもいいように」。そして、公共プールが閉鎖されると「代わりに造られたのは、競泳だけを目的とした五〇メートルプールでした。スライダーやレストラン、ダンスフロアや人工ビーチといったレジャー的要素やアトラクションは、ことごとく、たくみに排除された。ノンスイマーが、これはマイノリティの婉曲語ですが、こういった施設に興味をそそられたり、行ってみたくなったりしないようにね。

こうして、水泳は主に白人のアクティビティであり続けているのです」

公園では泳ぎ方は学べないと彼は言う。彼が求めるのは水泳文化の〝復活〟だ。多くの人々にとって水が神聖なものであることを思い出せば、それはさほど突飛な夢ではない。「洗礼があるでしょう。ギリシャの『ダイバーの墓』もある」とウィゴ。「そうやって、わたしたちは来世に移行する。水はいつも〝復活〟と結びついているのです」

以下の項目にあてはまるなら、あなたは立派なスイマーです

- 橋を渡っているときに「ここなら泳いで渡れるかも」と考える。
- トライアスロンを勧められたときに、「自転車とランニングがなければやるだろう」と答える。
- 夏のスイミングシーズンが終わるまで、髪を染めるのは待つ。
- ラスベガスのカジノ付きホテルが「Fly Back Free（バタフライ・バック・フリースタイル）」というタイトルのメールを送ってきた。てっきりスイミングのイベントだと思ってクリックすると「Fly you Back home Free（帰りの飛行機代は無料）」という特典のことだった。

・クロゼットにはドレスより多くの水着がある。
・帰宅途中にプールのそばを通った場合に備えて、緊急用のスイムバッグをいつも車に積んでいる。
・最後に家でシャワーを浴びたのがいつだったか思い出せない。
・皮膚についた虫が塩素の毒で死ぬ。
・飼い犬に「泳ぎにいく?」と言うと、散歩の提案をしたときより興奮する。
・夜、眠れないときに、気づくと羊の数ではなくストロークの数を数えている。眠りに落ちる寸前には、脚がピクッと動く代わりにフルキックをしている。そして滑るように眠りの国に落ちていく。
・水に入ると、鷲《わし》が空を飛ぶように自由に感じる。

——全米マスターズ水泳協会（七二ページ参照）のオンライン掲示板への投稿より

3　水を離れた魚

最初の数百メートルは楽だ。心臓は落ち着きを取り戻し、体は順応する。海があまりにキラキラしているので、自分がまるできらめく海原の一粒のダイヤモンドのように感じられる。ゴールがあまりにちっぽけなせいか、レーダーなしで航行する船のような気分になる。でも、不思議なことに、ここへレスポントスでわたしはくつろいでいる。もし誰かに今どんな調子かと尋ねられたら、なんて答えるだろう？　即座に出てくる答えは、驚きであると同時にシンプルだった―― Swimmingly（すこぶる順調）。

数億年前にはわたしたちも魚で、液体に浸かっていた。その液体のなかで生物は進化していった。「わたしたちのなかの魚の部分は身体の奥深くに存在し、その基本的構造の内側に書き込まれています」とシカゴ大学の進化生物学者、ニール・シュービン博士は説明する。彼の率いるチームは二〇〇四年に、人類の水生の祖先と陸生の哺乳類《ほにゅうるい》の「失われたリンク」を発見した。それは呼吸をするために水から陸に上がった魚の三億七五〇〇万年前の化石だ。その骨格には、過去から引き継いだものを反映しながらも、未来の種《しゅ》への推移が見られた。

「わたしたちの基本的な身体構造は、実際、まず魚の化石に発見できます。彼らは、わたしたちのような頭蓋骨をもつ最初の生き物です。そして、頭蓋骨を作る遺伝子、つまり、わたしたちの身体を構築するDNAの一部は、実は魚のその部分の身体設計図に見られる遺伝子の別バージョンなのです。ある意味、わたしたちは遺伝学的には魚類に非常に近いと言えます」

わたしがシカゴを訪れたのは、解剖学研究室のシュービン博士に会うためだった。作業台と数々の魚の模型で雑然とした部屋では、研究者たちが博士の発見した宝からさらに何かを引き出そうとしていた。進化の理論の決定的なギャップを埋めたシュービン博士には、人々を魅了する科学者の条件とも言えるシャープなウィットと未知のものに驚嘆する感性が備わっている。彼は、生物学的また進化学的見地から人間と水の関係を探ろうとするわたしに協力することを承諾してくれた。

わたしたちはまず、彼がカナダ北極圏で発見した、原始の水たまりから先駆的に地上への旅を果たした、地元のイヌイットの語でティクタアリク（「大きな淡水魚」の意）と呼ばれている魚の化石から取りかかった。目の前のその模型は長さがほぼわたしの腕のそれに等しく、発掘された最大二・七五メートルのものも含むさまざまな大きさの化石の一つにすぎない。胴体が長く、ヒレが低い位置に付いた魚で、顔にはかわいいとしか言いようのないおだやかな微笑みがある。

「キュートでしょう?」とシュービン博士。明らかに自分の宝物にご満悦だ。「最初に見えたのが、

ティクタアリク・ロゼアエの化石

その口吻部《こうふんぶ》だったのですよ。上下逆さまで、こんなふうに崖から突き出ていました」。模型を手でつかみ、ひっくり返す。

ティクタアリクのにこやかな笑みの陰には、生物学的な歴史を作っていく過程の、捕食者の牙が潜んでいた。それは水のない場所での生活に順応するためのいくつかの特性で武装した頑健な移住者だった。頭を回転させられる首は、身体を自由に反転できない陸上での移動には欠かせない。目が上に付いた、ワニのような平たい頭蓋骨は、地上の獲物を見つけるのにより適している。空気を処理できる肺。さらに、前ヒレの骨は関節でつながっていて、進化したしくみになっている。

「明らかに、ヒレで体を支えられたのです。腕立て伏せでもするようにね」。シュービン博士はヒレの模型に手を伸ばし、ずんぐりした小さな突起物を指し示した。「ほら、肘がある。手首もある。だから、水をかいて泳ぐというヒレの働きだけでなく、同時に身体も支えることができる。いちばんすごいのは、これらの骨がそれぞれ、わたしたち人間の骨と一致しているという点です。これが橈骨《とうこつ》、これが尺骨《しゃっこつ》、ここが肩です」

ヒレの大きさは全体でわたしの掌《てのひら》くらいだ。それは肩と肘と手首に独特の関節がある、人間の上腕と前腕に先行するものだが、それらが、近所の魚屋の氷片の上に並べられている今日のオヒョウにあるのと同じエラやうろこや水かきとともに存在していたのだ。

陸へ移動した？　ティクタアリクの想像図

言い換えれば、それはシュービン博士が「足のある魚《fishapod》」と呼ぶ、四足類（もしくは四肢のある陸上動物）と魚の完全なミックスであるという、まぎれもない証拠であった。進化樹のどこかで、このような付属肢が正道をそれて手足に向かって進化し、恐竜から人類までのすべての出現に道を切り開いたのだ。

「ほら、あなたが首を曲げたり、手首を曲げたりするたびに……他にもいろんな機能がありますが、それらはもともと水の生態系に住んでいた魚類に出現した、魚の機能だったのです」。加えて、わたしたちの耳はエラの骨が変形したものなのだ。人間の胎児にはエラの切れ目がある。要するに、「わたしたちの体を作る工具一式は、魚のそれの別バージョンなのです」

どの魚だろうか？

シュービン博士によると、人類は生体構造とＤＮＡの両方から言って、肺魚、もしくは、彼が言うところの「いとこの系図」の下のほうのチョウザメやヘラチョウザメにいちばん近い。さらに系図を下りていくとサメやサメに似た生物になる。そして、さらにずっと下、魚類の無《む》脊椎《せきつい》の先行者は蠕虫《ぜんちゅう》である。この際、家族写真のアルバムを拡大すべきだろうか？　シュービン博士は快活なタッチの啓蒙書『ヒトのなかの魚、魚のなかのヒト』で「（ティクタアリクが）わたしたちの直接の祖先である可能性はほとんどない」と言っている。「むしろ、わたしたちの祖先のいとこに近い」と。ならば、どうしてわたしたちは人類と魚類の関連について話さないのだろう？　どうして、類人猿との関係しか認めないのだろう？　「わかりません」と彼は敗北を認める。「きっと、ピンとこないのでしょうね。サルとの関係すら受け入れられない人もいますから。やれやれ、蠕虫なら気に病むのもわかるけど」

「空気呼吸はもともと無酸素水、すなわち酸素が枯渇した水の中で生きていた魚に進化したものです」説明は続く。わたしは自宅の池ですいすい泳ぎ回る色鮮やかな鯉《こい》のことを思い出していた。暑い日には、ときどき、泳いでいる途中で水面に上がってきて、「大きく空気を吸って、また潜る」と、シュービン博士はわたしの考えを引き継いで言った。「肺は実のところ、大昔からあるのですよ。空気呼吸は魚のものです」

　なぜそれは発達したのか、そして、より多くの空気を求めて、なぜティクタアリクとその仲間がデボン紀の末に水中という快適なゾーンを抜け出したのか、それは明らかでない。可能性としては、食料を求めて競争相手の少ない場所を目指したか、もしくは、先史時代の海洋捕食動物から逃れるためだったのか。だが、陸は彼らの望みどおりの場所ではなかったようだ。しばらくのちに水中に戻ったものもいた。わたしたち、今日のスイマーも、同様の回帰をしているのだろうか。

「進化論的に？　それならノーです。とはいえ、水にはわたしたちにとって不思議な魅力がある。それはわたしたちの生体構造のせいではなく、心理的な理由、つまり世界のとらえ方によるのです。脳の配線具合ですね。わたしには小さな子供がいますが、プールから引っ張り出すのは大変だ。わたしたちには生まれもって、水にひかれる何かがあるのです」

シュービン博士は水生類人猿説（アクア説）——人類は水中生活に適応した類人猿の分枝から進化したものだという、非常に興味深いが賛否両論の仮説——を認めない。この仮説の証拠の一つとして申し立てられているのが、わたしたちの指をつなぐ〝水かきの名残〟である。

「誰も信じませんよ」古生物学者のコミュニティを代表し、頭を振りながら主張する。「なぜなら、ヒトの化石の記録のなかに、実際、その説を裏付ける証拠はないからです。わたしたちは陸の上を走るように作られたとするほうが、よほど合点がいく。だからと言って、わたしたちがただ一つの芸しかできない馬だという意味ではありません。水の中で泳ぐという有酸素能力も使える。つまり、ヒトが偉大なのは、ほとんどどんな環境でも生きられることなんです、そう思いませんか？　わたしたちは驚くほど可変性のある種なのです」

魚は泳がなければならないから泳ぐ。わたしたちは自らの選択により泳ぐ。魚のなかには木を登るものも、空中を飛ぶものもいる。わたしたちも、きちんとした訓練と適切な装備があれば、その両方ができる。そして、たとえ水生にルーツをもつ身体部分により、わたしたちの泳ぐことに対する生理的欲求は説明されなくても、受け継いだ柔軟性は確実に水泳を楽にする。たとえば、ヒトの

空を飛ぶ魚もいた

体の大部分が水分なのだが、そう考えると、水中という水泳の環境ははるかに敵意のないものになる。ジョン・F・ケネディ大統領は演説のなかでその関連性を航海と結び付けた。「わたしたちはみな、血管に海水とまったく同じ比率の塩分を含む血液をめぐらせています。だから、わたしたちは血のなかに、汗や涙のなかに、塩をもっている。わたしたちは海につながれている。だから、わたしたちが海に向かうとき……それは、もといた場所に回帰しようとしているのです」

アルキメデスのおかげで、わたしたちはそれを可能にしている原理を理解できる。二〇〇〇年前の古代シラクサのバスタブのなかで起きた、彼の有名な「ヘウレーカ！」（わかったぞ！）の瞬間にまつわる逸話は作り話かもしれないが、人がなぜ浮かんでいられるかについて、便利な科学的説明を授けてくれたことに変わりはない。彼がバスタブに身を沈めたときに縁からあふれ出た水の量は、物体と水との置き換えと浮力の関係を明らかにした。

これは実際には密度の作用である。水より密度が大きいものはすべて沈む。密度が水と同じ、もしくは小さいものは、コルクのように浮いたり沈んだりする。それが、わたしたちなのだ。人間の体の密度は水のそれと比べ（比重）ほぼ同じなので、物理のたくみなトリックにより、わたしたちは波間を泳ぎ、波に乗ることができる。浮力は水を神秘的な媒体に変える。そのおかげで、わたしたちの重量は減り、飛んでいるかのように感じ、重力を忘れることができる。もし陸上でもそんな具合なら、形成外科医は失業してしまうだろう。水中では、浮力は自然が与えてくれた個人用の水泳補助具であり、濡れることに対するノーコストの報償なのだ。塩分によりその効果はいっそう増すので、海ではより楽に浮くことができる。平均的な海では塩分三パーセントのところが三五パーセントもある死海のように、塩分が極端に多いところでは、浮きすぎて、ほとんど体を動かすことができない。ローマ人の歴史家タキトゥスは紀元二世紀に古代の死海を次のように描写している。

「この不思議な水はあたかも固い表面でもあるかのように、投げ入れたものすべてを支える。そして、泳げようが泳げまいが、すべての人が同じように波の上に浮いている」

わたしがイスラエルの死海に行ったときは、意を決して水に入ろうとすると、ガイドがにべもなく、「お尻まで水に浸かったとたんに浮いてますよ」と言った。ほんとうだった。泳ぐのは不可能だった。うつ伏せになろうとしても、仰向けにされたカブトムシの気持ちがわかるだけだった。助けなしでは、脚が空に向かって跳ね上がり、まっすぐ立っているのも一苦労だった。

ベンジャミン・フランクリンは恐怖を克服するのに浮力を利用した。「自分を支えてくれる水の力をある程度信用しない限り、いつまでもカナヅチのままだ」と、一七六〇年代末に、泳げない友人に手紙で助言している。どうすればいいか？　池や川など、徐々に深くなる場所に胸の深さまで

死海にて。浮かぶしかない

歩いて入り、そこで岸のほうを向く。次にゆで卵を岸のほうの水に向かって投げ、沈むと、潜ってそれをつかむ。フランクリンは続ける。「きみの意志に反して水がきみを浮かすことや、思っていたほど簡単には沈まないこと、積極的に力を使わない限り卵に手が届かないことを発見するだろう。こうしてきみは、水にはきみを支えるパワーがあることを感じ、そのパワーに屈することを学ぶ。そういったことを乗り越えて卵をつかもうと奮闘している間に、水中での手足の動きを発見する」。その後で、卵を食べればいい。

浮力はまた、身体の他の部分が衰え始めたときに自尊心を保ってくれる。ふくよかな女性は痩《や》せっぽちよりよく浮くし、女性は男性よりよく浮く。なぜなら、わたしたち女性は最も痩せているときでさえ、体のあらゆる部分に男性より脂肪を一層、余分に蓄えているからだ。浮くことは科学用語では「正の浮力」と呼ばれるが、これはたとえば「がっしり」だとか「ずんぐり」などよりはるかに聞こえがいい。筋張った男性やおそらく一部の女性は「負の浮力」をもっているのだが、これには「がりがり」というよりずっとましな響きがある。こういった人たちの脚、もしくは体全体は他の人より速く沈む。

大半の人が正か負のどちらかである。卓越した長距離泳選手のリン・コックスは生まれつき、ちょうどその中間だった。抒情的な自叙伝『南極まで泳ぐ』に、彼女が中性浮力をもっていると知った瞬間についての記述がある。

「中性浮力。ということは――」と医師は彼女に告げた。「体の密度が水のそれとまったく同じという意味です。体脂肪と筋肉の比率が完璧なバランスにあるので、水中で浮きも沈みもしない。水と一体なのです。こんな例にはかつてお目にかかったことがありません」。あくまで、人間で、という意味だったが。コックスにとって（彼女の驚異的な偉業については、第六章でたっぷりと取り上げる）、この生物学的奇異が意味したことはこうだった。「沈むまいとしてもがく、もしくは、浮力に対抗して水中に自分を沈めようとして余分なエネルギーを使う必要がなかったのです。そのおかげで、わたしはより効率的に泳ぐことができました」

キリンは泳げるか？

こんな質問をキリンにしても仕方ない。かつてキリンがまともに泳いでいるところを見たと報告した人もいない。キリンの群れが胸の深さまで水の中に歩いて入った場面が録画されたこ

とはあったが、急に深くなると、彼らは岸に戻ってしまった。身体の大きさが問題ではない。象は優雅に泳ぐ。問題は水の法則に逆らうかのようなその体形にある。柔軟なタワーのような首が端から伸び、重さが二トンにもなる嵩張《かさば》る胴体が、長さの異なる二組の強靭《きょうじん》な脚の上に載っている。悪名高いその大きすぎる肺は、浮くことを可能にする酸素量を保っていられるのだろうか？

想像力に富む二人の古生物学者が、斑点やオシコーンと呼ばれる小さな〝角〟をも含む、キリンの完全なCGモデルを製作し、コンピューター化された海のなかに落としてみた。抵抗と密度の作用を計算に入れたところ、短いほうの後ろ脚が、前脚より先に浮き上がり、深いところでは、首全体が水面すれすれか、もしくは水面下に沈んで静止するまで、全身は前下がりに傾き続けた。キリンは沈みこそしないが、「すこぶる心地悪そう」だった。さらに、陸上でするように、足運びのバランスを取るために首を使うこともできないので、「どうしようもなくへたな」スイマーになると想像された。彼らの結論は、「キリンは泳げるが、達者からは程遠い」というものだった。

わたしのようなキリンファンは、彼らがカナヅチであると教えてもらっても別に何とも思わない。ラジオ・パーソナリティのピーター・セーガルは、その結論にもう少し煩《わずら》わされたようだ。「こんな研究にいったい誰が金を出すだろうと思うでしょう?」と彼はラジオ番組で問いかけた。「それが、ハイエナの群れだったのですよ」

わたしたちと水の関係を科学的に理解することは有益であると同時に、安心感をも与えられる。でも、それはほんの初めの一歩にすぎない。水の人体への効用を発見すれば、泳ぐことは気持ちのいい気晴らしから医学的に不可欠なものへと昇格する。

もっとも、中世以来、医療関係者は意見をしょっちゅう変え、最後には、大袈裟な効用にたどり着いていた。五〇〇年近く前に、ディグビーは「体液から毒を除去し、伝染病菌を枯らすので寿命が延びる」として、水泳を勧めた。歳月がこの誇大広告をさらに増長した。一八一九年にはあるフランス人医師が、水泳はマスターベーションから肺感染、さらに大腿骨の自然脱臼まで、あらゆるものを治すと発言。それから二〇年後には、『イギリスの男性的な運動』という人気の高いハンドブックが、スポーツ選手を目指す人たちに、水泳は「神経系統の鎮静にも有効」であると確約した。ほぼ同時期に〝経験豊かなスイマー〟とだけ身分を明かすアメリカ人が、水泳をする人は「突発性感冒や炎症性疾患にかかりにくく、けっして、もしくはめったに慢性病に苦しまない。身体は引き締まり、皮膚は健康で、生命のすべての機能が健康的な活力で作動する」と記した。締めくくりは一九一〇年のYMCAのマニュアルで、「野外での水泳は白髪を防ぐ」と謳《うた》っている。それがほんとうならいいのにと思う。スイマーは病気知らずではなくても壮健で、不老とはいかないまでも丈夫ならどんなにいいか。

ところが、一世紀のちに、規則的な激しい水中運動は実際に人の寿命を延ばすかもしれないという、興味をそそられる示唆が現れた。つまり、がんばってラップをこなすたびに、幾分かでも若返っているかもしれないというのだ。証明された効用は、まるで米国心臓協会の願望リストのようだった――水泳は血圧を下げ、コレステロールの数値を最適にし、心臓のポンプ能力を向上させることで血流をよくし、肺の換気能を高めるので心血管系機能を改善する。

人類のいとこのティクタアリクがした腕立て伏せは、ほんの始まりにすぎなかったのだ。水泳はすべての大きな筋群を使うリズミックでダイナミックな運動だ。それは無駄のない筋肉量を形成し、柔軟性を増進する。すべての有酸素運動がこういった効果の多くをもたらすのは事実だが、最近の研究によると、スイマーはすべての心臓数値においてジョガーやウォーカーに勝っていた。高齢化の国にとってさらに重要なのは、プールでは骨棘《こっきょく》（骨にできる突起物で、関節の変化を引き起こす）の不快感の訴えを耳にしないことだ。「水泳は地球上で最もパーフェクトに近いスポーツである」とスイム・フィットネスの普及と教育の草分け的存在であるジェーン・カッツ医師は書いている。

映画スターのエスター・ウィリアムズは、「水泳は産湯《うぶゆ》から人生最後の入浴まで、怪我をせずに行うことができる唯一の運動です。水中では重力も年齢も存在しません」とよく言っていた。膝が舗道に叩きつけられることもない。関節がボールや壁にぶつかることもない。浮力がわたしたちの骨組みのいちばん脆弱《ぜいじゃく》な部分を守ってくれる。

身体にある種の障害をもつ人々にとっては、水泳はまるで奇跡のように感じられる。バイロンは生まれつき内反足《ないはんそく》で、アキレス腱の縮みによる、体力を消耗する目立つ歩行障害があった。それが、水中ではウナギのように動けた。「海では何時間でも浮いていられる」と彼は記している。「最高に楽しんだあとで、他では得られないほどの精神の高揚とともに、水から上がる。もし輪廻《りんね》を信じるなら、きっとわたしは前世のどこかで、マーマンだったに違いない」

広く宣伝された耐久泳とセクシーな映画でもって、アメリカ女性たちを水辺に誘うのに一役買ったオーストラリア人のアネット・ケラーマンは、子供のとき、何らかの骨の病気で重い鉄のギブスをつけていた。スイミングレッスンが彼女をマーメイドに変えた。

わたし自身は一九七七年に、膝蓋骨（膝の皿）の骨折からの回復後に本格的にスイミングを始めた。八週間も脚全体をギブスで固定していたために、関節は動かなくなり、大腿四頭筋は萎《な》えてしまっていた。定期的なラップスイムは筋肉と柔軟性の両方の修復に役立った。以来、週単位のプログラムにウェイトトレーニングとピラティスを加え、トレーニングの対象を体の他の部分に広げた。今回のイベント用のトレーニングを始める前に、わたしはまあまあ快調だった。だが、ヘレスポントスの水は、それ以上を要求していた。

スイマーは実際に「気分が上向く」と報告――これは、水泳による心理状態の変化、つまり、いかに精神の健康を、または少なくとも幸福感を増進するかに関するある調査研究についての記事の見出しだ。自己の健康的なライフスタイルの普及に人生のほぼすべてを捧げたケラーマンの次の言葉は、今日なら、これだけで選挙での当選を可能にするだろう。

「キッチンで汗だくになったり居間でだらだらしたりしている女性や、人生の半分をオフィスの椅子で過ごす男性にとって、たまに行う水泳は六カ月の休暇と同じくらいの効用があります。冷たい静かな水に入ったとたんに、くたびれ果てた感覚は吹っ飛ぶでしょう」

または、別の時代のある水泳コーチはこう断言している。「水中にいる熟達したスイマーは、最も素晴らしい運動から最も完璧な喜びを享受し、最も幸せな精神状態にある、最も幸福な人間に分類される」

これについては、一つには生物学的な理由が考えられる。皮膚は最大の臓器なので、水泳は感覚に最も直接的に訴えるスポーツなのだ。そして、ある意味、進歩的でもある。ケラーマンはこう言っている。

「唯一、女性が男性に対し不利にならないスポーツです。そして、わたしがこのように話す権利があると感じるのは、海がわたしを足の不自由な小さな子供から、今日ある大人の女性に変えてくれたからです」

ああ残念、こんなに他の面では理想的なスポーツが、わたしたちのウエストを細くしてはくれないなんて。

水泳は体の線をなめらかにし、確実に脂肪を燃焼してくれるけれども、体重減少に直接役立ちはしない。インディアナ大学運動療法学科の副学科長ジョエル・ステイガー博士によると、それは

「体重減少は効率、すなわち行った運動量をその運動の代謝コストで割ったものが問題」だからなのだ。「ところが、体重を落とさなくてはならない人の大半はあまりに太っていて、効果が出るほど長い距離を泳げない。反対に、上手に泳げる人ほど効率のよい泳ぎをしているので、代謝運動の量は少ない。つまり、もし体重を減らすために泳いでいるとすれば、泳ぎが上達することは、むしろ目的を頓挫《とんざ》させているのです」。浮力のせいですよ、と彼は言う。「浮力がスイミングのエネルギー消費を減らしているのです」。それはジレンマだが、ステイガー博士は気にしない。体重は体型の重要な指標にはならないと指摘する。筋肉は脂肪より重いというのが、その大きな理由である。

健康

運動のなかでは水泳が最良だ
筋肉と胸部を強化し
肉の部分を引き締める
脚と腕を広げ、伸ばし
素早い反動で
縮めて、戻す

最良であると同時に
それにはすべての運動が入っている
そして最も完結している
それは、競わずして激しい運動であるからだ

――エドワード・ベイナード医師の詩「健康」より。一七六四年

わたしたちはインディアナ大学のメインキャンパス、ブルーミントンの彼のオフィスで話していた。ここはアメリカの大学都市の映画のセットにでもなりそうな、石灰石造りの荘厳な建物群となだらかな丘の緑濃い別世界だ。水泳科学研究所カンシルマン・センターの所長でもあるステイガー博士は、全米マスターズ水泳協会（ＵＳＭＳ）の長期メンバーを重点的に研究対象とする、水泳が健康に及ぼす影響についての野心的な研究の主任研究員である。全国組織のＵＳＭＳには、水泳による健康維持を願う五万人以上の成人が会員となっている。そのクラブは全国中にあり、レッスンから過酷なトレーニング、国際競泳大会まで、あらゆるものを提供している。

わたしは二〇一一年一月に、規則正しいトレーニングと他のスイマーたちとの交流がわたしのストロークと速度をヘレスポントスの要求するレベルまで引き上げてくれることを期待して加入した。さらに、ステイガー博士の調査への参加にも同意した。

巨大な〝健康体育リクリエーション・ビルディング〟（略してHPER。この最先端のキャンパスにぴったりの「ハイパー」の呼称で知られている）に本部を置くカンシルマン・センターの名は、インディアナ大学の男子スイマーとダイバーを数多くのタイトル獲得に導いた名物コーチのジェームズ・E・カンシルマンにちなんで付けられた。彼はまた、オリンピックで史上初の金メダル七個獲得を達成したマーク・スピッツも指導した。かつて平泳ぎで世界記録を出したカンシルマンは、一九七九年には五八歳で最高齢のドーバー海峡完泳者（のちに、この記録は破られた）になったが、ステイガー博士によると、それは「自己への挑戦」だったそうだ。彼は二〇〇四年にパーキンソン病で亡くなった。

この複合施設の中心となっているブルーミントン・プールに彼が施した伝説的なイノベーション――スイマーが自分のタイムをモニターできるよう壁に埋め込まれたペースクロック（その一つはまだ残っている）など――により、カンシルマンは時の人となり、この分野での大家になった。だが、ステイガー博士によると、カンシルマンはそれよりも「スポーツと科学を結び付けた」ことをたいそう誇りにしていたそうだ。一九六八年に出版された画期的な著書『水泳の科学』は水泳指導のバイブルになった。彼の強みはテクニックだった。

ステイガー博士の関心は運動生理学の、とりわけ心臓、肺、筋肉の関係にある。「わたしが興味を掻き立てられるのは、マイケル・フェルプスはどうやってあんなことを成し遂げているのか、なのです」。さらに、六万四〇〇〇ドルの補助金を得ている命題は「スイミングは若さを保つか？」なのだそうだ。五九歳のステイガー博士は自身が最高の広告塔だ。流線形のボディ、一九七〇年代半ばに初めてカンシルマンのもとで働くためにやって来たときと変わらぬ、いかにも競泳選手らしい、少年っぽさの残る整った顔。彼は水泳というスポーツを愛し、オフィスのすぐ下にあるプールで毎日泳ぐ。週に五日、正午に三〇〇〇メートル。彼用の古いプールで、志を同じくする水泳熱愛者たちとの厳しいトレーニングに付き合ったわたしは、彼らの後ろで息を切らした。インディアナ大学では出会う人がみんな泳ぐ。それも、抜群にうまく。

「毎日、水に入らない言い訳はいくらでもありますから」。ステイガー博士は短距離の高速スイマーだ。「学生たちのいい手本になっていることを誇りに思いますね。これはわたしたちの生業だ。でも同時に、好きでやっていることでもあるのです」

彼の教え子たちは、彼に負けないくらい献身的な水泳ファンで、水泳を一連の調査という顕微鏡にかけている。一人は水中と空中での体温調節について研究している。競泳者にとってチョコレートミルクのエネルギー価がどのくらいかを研究している学生もいる。〝スタート・スタディ〟という、スイマーのスタート台からの離れ方についての研究も耳にした。スイマーの手についての研究もある。理想的な大きさはあるのだろうか？　爪の先の差で勝負がつく世界では、けっして軽んじるべき課題ではない。そして、いずれも筋肉質で肩幅が広く、ゴムサンダルでパタパタ歩き回っている学生たちは、自分たちの心身を維持してくれる水泳というスポーツについて研究する機会を与えられたことに心から感謝している。「（水泳の魅力は）水中にいることにつきますね。瞑想にふけることができる」。見事な二頭筋もあらわな黒いTシャツ姿の、がっちりした体軀《たいく》の大学院生が言った。「プールで泳いでいると研究のアイデアが浮かぶんです。水泳は人生について多くを教えてくれます」

ステイガー博士の研究成果は、人体、とりわけ中枢神経系に対するわたしたちの理解を変えるかもしれない。

「わたしどもは継続的な身体活動、特に水泳は、脳の活動を高く保つという仮説を立てています。他にもいろいろありますが」と博士。同大学の脳科学研究所と共同で進めているプロジェクトは、USMSの会員の中でも週に三回から五回、三五〇〇メートルから五〇〇〇メートルを泳ぐコアなスイマーたちに焦点を当てている。なかには二〇年近くもそんな習慣を続けている人たちがいる。

「彼らは何十年も毎日規則的に激しい運動をしてきた希少な比較対象グループです」

それはわたしのフィットネス・レベルより少し上なのだが、わたしがスイミングの世界のどのあたりに位置するのかを知るよい機会でもあるので、彼の研究に協力することにした。まず、基本的な身体機能の数値が記録されたあとに、屋内トラックを早足で歩くときの心拍数がモニターされた。さらに、トレッドミル上での運動コントロールとバランスがチェックされ、神経伝導速度をテストするために電極につながれると、弱い電流が肘の外側の尺骨突起部をくすぐった。頭部のＭＲＩは免除してもらったが、それは、そもそもスイミングを始めるきっかけになった骨折のせいで、膝蓋《しつがい》骨《こつ》にピンが入っているからだ。だが、記憶力、推理力、論理的思考力、認知速度、非言語学習能力をチェックする認識能力テストはフルに受けた。数を三つ飛ばしに逆に数えたり、ごたまぜの文字を思い出したり、バラバラに読み聞かされた文字や数字を組み直したり。また、空間認識力のテストでは、記号や数字を操って欠けているピースを発見した。正しいカードを入れる電灯の入った箱もあったような気がする。二日間におよぶテストの後に一週間、家で自分の活動を日記につけたところで、研究におけるわたしの役割は終わった。

それで結果は？

「すべて上出来です！」。この調査を実行している博士課程のコリーン・マクラケンから報告があった。「認識能力テストでは、トップ四分の一のグループに入っています」とのこと。つまり、わたしの頭はカチカチと調子よく働いているということだ。ホッ！　さらに、「あなたの動脈は、同年齢の大半の人よりうまく弛緩《しかん》と収縮をしています」。わたしの心臓システムは機嫌よくポンプ運動をしてくれているようだ。重ねて、ホッ！　とはいえ、持久力を増すためには酸素消費を改良する必要があるし、わたしの体格指数は一般的な人々との比較では正常で健康だが、マスターズ・スイマーたちはもっとスリムで格好いい。それについてのテストは必要なかった。けれども、総合的にはいい結果だ。たぶんスイミングが健康を保ってくれているのだろう。そして、そういった点についての人々の認識を変えることになるかもしれない何かに、わたしは貢献したのだ。

「ええ、水泳は心臓にいいんですよ」とステイガー博士。「全米マスターズの高齢の会員の動脈が、より若いノンスイマーのそれより弾力性に優れていることを発見しました。それに、高齢のマスターズ・スイマーの筋肉量は一五歳下のノンスイマーのそれに等しい。マスターズ・スイマーの平均心拍数は、座る時間が長い人々より少ない。それ自体、いいことです。が、それだけでなく、それは脳のためにもいい」

これまでの研究結果の一つとして、熱心なスイマーは小脳の細胞密度と連結性が高く、それが加

〈スイマー〉誌の「スイミングを一言で表すと？」という質問に寄せられた答え。リラックス、濡れる、のどか、至福、爽快、癒し、愉快、疲れる、回復、退屈、元気が出る、瞑想的、などがある

齢による歩行時の合併症や転倒につながるバランスの崩れを予防している可能性がある。さらに、彼らには神経伝導速度（ＮＣＶ）――脳が筋肉に何をすべきかを命令する速度――の衰えがほとんど見られない。八〇歳のスイマーのＮＣＶは五〇歳の一般人のそれと変わらない。意思決定能力や決断時の反応時間に反映される作業記憶容量についても、マスターズ・スイマーは加齢による減少がより小さい。

博士にこれまでの研究結果は水泳が老化を遅らせるという決定的証拠だと思うかと訊いた。

「ええ」と彼は答えた。「でも、専門用語の使い方には気をつけなくては。むしろ典型的な生活、つまり、座る時間の長いライフスタイルが、一般的に老化とみなされているものを速めているのかもしれません。わたしたちが試みようとしているのは、老化からそういうライフスタイルを切り離すことです。つまり、わたしたちが言おうとして

いるのは、一見すると逆のようですが、むしろマスターズ・スイマーたちに現れているものが必然的な老化。一般的な人々に現れている老化は、ライフスタイルがもたらしたもの」

言い換えれば、マスターズ・スイマーのほうが正常で、彼らはわたしたちのあるべき姿なのである。そして、彼らは他の人々よりゆっくり老化している。

「まさしく。かつて老化の必然的な帰結と考えられていたものが、むしろライフスタイルの選択に関係しているらしい。これは非常に重要です」

これは現在進行中の研究の衝撃的な仮の結論だ。メッセージはシンプルだとステイガー博士は言う。「水に入る理由がもう一つできました」

4　ストローク

わたしはフィンなしで、流れに逆らって泳いでいる。ここへレスポントスでは他の人たちも同時に泳いでいるのだが、近くには誰もいない。それに、万が一のために監視ボートもあるはずなのに、それもどこかでさぼっているようだ。ストローク、またストローク、海のなかにただわたしだけ、腕と脚と腹筋（これが決定的に重要）を使って対岸を目指し、ひたすら流れに切り込んでいく。水泳は究極の自力本願スポーツだ。他のスポーツではみんな助けになる何かを手にしている——スキー板、スケート靴、バット、車輪、スティック、グローブ、ラケット、ハイテクシューズ。ゴールへの到着を助けてくれる仲間までいる。わたしたちには何もない。水泳においては、用具の不具合は、すなわち、体のどこかが壊れたことを意味する。

横断泳をテーマとした古代ギリシャの詩のなかで、わたしのお気に入りの一節は、レアンドロス（七ページ参照）をこんなふうに描写している。

「彼自身がクルーで、船荷で、船だ」

翻訳すれば、「フィンなし、アクアヌードル（浮き棒）なし、つかまるロープもなし」となる。ちょうど今のわたしのように、自力でやるしかない。そして、水泳では、そのやり方が〝ストローク〟と呼ばれている。

「肩の力を抜いて！　リン、その素晴らしく長い腕をもっと先まで伸ばして！」

「頭をもっと深く沈めて、こんなふうに！」

このイベントの前日に、底抜けに陽気で、疲れというものをまったく知らないイギリス人のドーバー海峡完泳者フィオーナ・サウスウェルにいくつかアドバイスを授かった。場所は、ヘレスポントスの水に対する恐怖を少しでもやわらげるために設けられた〝ビーチサイド・クリニック〟。体をそこの潮流と驚くほど塩辛い水に慣らすため、半時間ほど、ブイまで泳いでいってはぐるりと回って戻ってくるよう指示された。このオリエンテーションには効果があった。おかげで今、馴染みのない海でも安心して、これまで未開発だったエネルギーを使って対岸に向かっている。

しかし、その対岸が遠いったらない！　そこに着くため、

わたしは自由形で泳いでいる。逆流を突き進むのに適したストロークだ。でも時折、息を整え、ルートを目で確認するために平泳ぎにシフトする。わたしにとっての休息用ストロークだ。

この方角で合っている？　まっすぐ泳がず、ジグザグに泳いできたってことはないだろうか？　自動追跡を頼んでいる無線塔もなかった二〇〇年前に、バイロンはどうやってアジア側の海岸を見つけられたのだろう？　ときどき、完全な気分転換のために仰向けになり、自由に呼吸をしながら、肩をストレッチし、紺碧の空と後方に残してきたヨーロッパの丘の連なりを眺めることもある。

それはまた、夢見るチャンスでもある。ヨーロッパからアジアに向かって泳ぐって、すごくかっこいい。わたしって、なんてかっこいいんだろう。でも、レアンドロスみたいにこんなことを一日に二度もやって、その間に恋人と激しく愛し合うなんてことは、わたしにはとても無理。

「水泳の定義」は、一九世紀のあるインストラクターによると「身体を浮かせた状態で進むことである。これが達成される限り、どのように――どのような方法やフォームで――行うかはほとんど問題にならない」

非常にシンプルである。アイザック・ニュートンがこれをさらにシンプルにした。

「すべての作用には、それと大きさが等しい反作用がある」。これは運動の第三法則であり、実際、水泳の第一法則である。水中で前に進もうとすれば、水を自分のほうに引き寄せるか、前に押さなければならない。するとその作用によって進むことができるのだ。スイミング用語でこの〝引く〟

と〝押す〟動作は「キャッチ」と呼ばれる。腕と脚をもとの位置に戻す動きは「リカバリー」だ。

その代わりに、ただじっと浮いているという方法もある（前章の浮力に関する部分を参照）。感覚的には完璧に快適だが、ゴールが古代の海峡の対岸であろうと、プールの端であろうと、湖の上の筏であろうと、浮いているだけでは潮流によりルートからそれていたり、まったく進んでいなかったりする。

つまるところ、体を動かす必要がある。けれども、実際にどうすればいいかは、他の点では物事に精通しているロマン派詩人、パーシー・ビッシュ・シェリーにもわからなかったようだ。ある日、イタリアで彼は「どうしてぼくは泳げないんだろう？　あんなに簡単に見えるのに」と嘆いたと言われている。友人で伝記作家のエドワード・ジョン・トレローニーが言った。「それは、きみが自分にはできないと思っているからだよ」

すると、シェリーはアルノー川に飛び込み、トレローニーに引き揚げられるまで、岩のように沈み続けた。

重力のない（つまり、立とうにも足の下には何もなく、押したりもたれたりして体を支えられるものもない）環境で、四肢を同時に動かす必要があり、しかも呼吸をしたいときにできるわけでなく、空気より八〇〇倍も密度の高い媒体のなかを身体を水平にして進んでいくのには、物理と意志力だけではとうてい足りない。人類にとっての水泳の価値を確信するがあまり、一九世紀末に水泳に関するあらゆる書物の目録を作成した、自身も熟達したスイマーであったラルフ・トーマスは、「水泳は存在する技のなかで最も難しいものである」と断言している。「下手に泳ぐことは、すべて

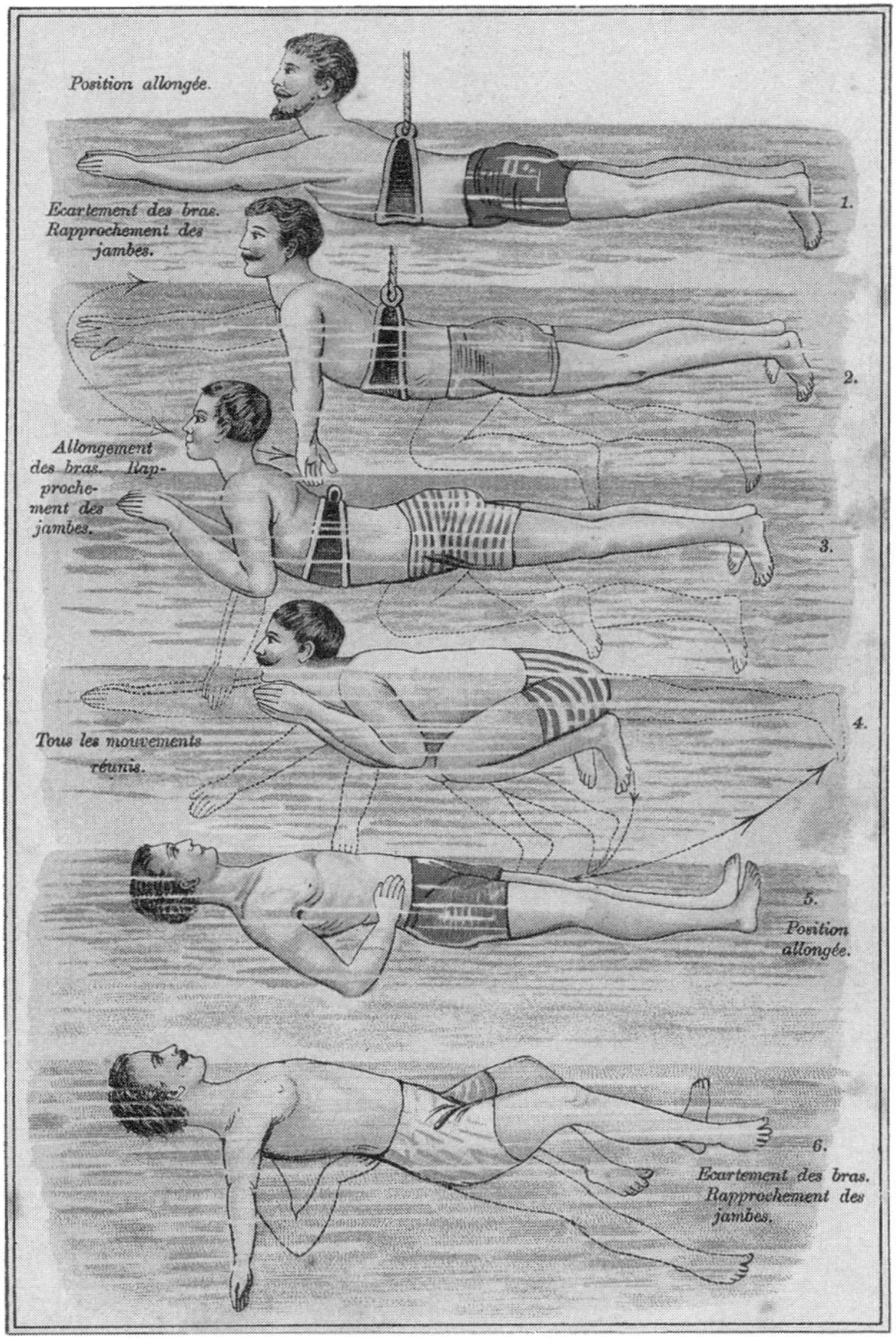

フランス式泳法（1900年）

平泳ぎ

のことに言えるが、いとも簡単だ」と彼は続ける。「だが、水上であれ水中であれ、楽々と見た目にもたやすく、静かに、しぶきを上げることなく動き回れるようになるには、たゆまぬ練習が必要となる」

　そして、そのゴールは、液体のなかを魚のようにすいすい泳ぎ回ることであるにもかかわらず、近代における人間のストロークの発展は、事実、むしろカエル、犬、イルカ、蝶《チョウ》に負っている。

　まずはカエルから始めよう。この名人級スイマーの小さな両生類の名は、ディグビーがそのパイオニア的マニュアルに「一級の泳法」とした平泳ぎの脚の動きに「カエル足」として冠されている。平泳ぎ（ブレストストローク）は、腹を下にし、顔を自然に前方に向けた姿勢で泳ぐため、ヒューマン（ストローク）またはチェストストロークとも呼ばれている。三〇〇年以上もの間、それはヨーロッパ人とアメリカ人にとって、どこで泳ぐにしろ、事実上、唯一の泳法であった。平泳ぎでベンジャミン・フランクリンはテムズ川を下り、バイロンはヘレスポントスを横断し、ウェブはドーバー海峡を渡った（もっとも、ウェブは、当時は一般的だった頭を水面上に出したままの姿勢で二一時間泳いだため、首の後ろに痛みをともなう水膨れができた。また、彼は腕と脚を同時に動かしていた）。

平泳ぎの基本的動作には一目でわかる特徴がある。両腕を外側へ、そして後方へとゆっくり弧《こ》を描くように回しておいて、前方にパシッと戻す。脚は前に引きつけて広げ、後ろに戻す。すると、スィーッ！　水中を勢いよく進んでいく。何世紀もの間、泳ぎを学ぼうとする者たちは、世間に認知されたこの泳法のエキスパートの動作を参考にするようアドバイスされた。

ある作家は「脚の動作に関してはカエルよりいい手本はない。彼らの泳ぎ方を完全にまねすべきだ」と助言した。また別の作家に言わせると、カエルは「唯一の正しい指導者」だった。一七九七年版の権威あるブリタニカ大百科事典には、「名人級の泳者たちは、手本としてカエルを数匹、水を張ったたらいに飼うことを初心者に勧めている」とある。

まだほんの小さな子供だったときに、わたしはペンシルヴェニア州ポコノ山脈の湖のそばで、カエルのゴムのような長い脚が縮んでは広がって戻るのを長時間見つめ、自分自身でその発見をした。小さなグリーンのナイスガイたちとともに過ごし、学び、今なお役立つ独自の力強いカエル足を身につけた。おかげで、平泳ぎなら永遠に泳いでいられる。

しかし、大の大人を教育するために小さな両生類がたらいに閉じ込められているというイメージには、王政復古時代の脚本家トーマス・シャドウェルは一言いわずにはいられなかったようだ。当時の科学についての風刺とみなされている戯曲〈ヴァーチュオーゾ〉のなかで、陸の上でさかんに見かけられていたに違いないこの情景を嘲笑《あざわら》っている。問題のシーンでは、レディ・ギムクラックの口から、彼女の夫のニコラス卿が水泳を習っている様子が語られる。

「水を張ったボウルに、腰を荷造り用の紐で縛ったカエルを入れ、夫はその紐の先を歯でくわえて、テーブルの上に腹這いになります。そして、カエルが跳ねると、夫も跳ねます。その間、水泳の教師はそばに立って、よくやっただの、だめだっただのと言うんです」

のちに、読者はテーブルの上に寝そべってカエル足をしているニコラス卿自身から話が聞ける。水の中で一度でもそのストロークを試したことはあるかと尋ねられた彼は、「いいえ、サー」と答える。「でも、地上では見事に美しく泳げますよ……水は大嫌いなもんで……わたしは机上の水泳で満足です」

彼の論理については、わたしのヒロインである女性参政権運動のリーダーだったスーザン・B・アンソニーの意見を参考にしたい。彼女は、わたしの知る限り、生涯で一度も泳いだことはなかったが、自らが活躍した分野でのあらゆる事柄同様、それに立ち向かわなければならない緊急性は理解していた。

「女性は普通、泳げません」。彼女が一八八三年にこう言ったとき、彼女の頭にあったのは、平泳ぎを始めとするどんな泳ぎ方でもなく、むしろ社会における女性の地位だった。「そして、この先もけっして泳げるようにはならないでしょう——その技を習うために水に放り込まれない限り」

だが、この発言も、進取の気性に富んだ多くの発明家たちがスイマー志願者を体が濡れるという不都合から救うための、拷問とまではいかないが奇抜な機械装置を思いつくのを止めはしなかった。それらは簡単な胸バンドから、体を宙にもちあげる装置（腕や脚を動かしやすくするため）、さらには、節のある手足支えが角に付いた複雑な台や、ジョン・S・リヴェットというスコットランド人の考案による金属の骨組みに支えられたゴム製のエアバッグに至るまで、多種多様だった。リヴェットの発明品については、ある（正規の）インストラクターが書き残しているが、「優れた点はあったものの、一年後に哀れリヴェット氏自身が、イングランド北部の町ブラックプールの海で当の装置の展示中に溺れて亡くなったため、以後、興味を示す者はいなくなった」。当然だろう。

一方で、すでに水に浮く人たちを助ける小道具の考案に走る発明家たちもいた。コルクをずらりとくくり付けたベルト、傘のように広がるアヒルの水かき状のヒレが付いたグローブやブーツ、尻尾のない人間にはありがたい自由に動かせる尾。

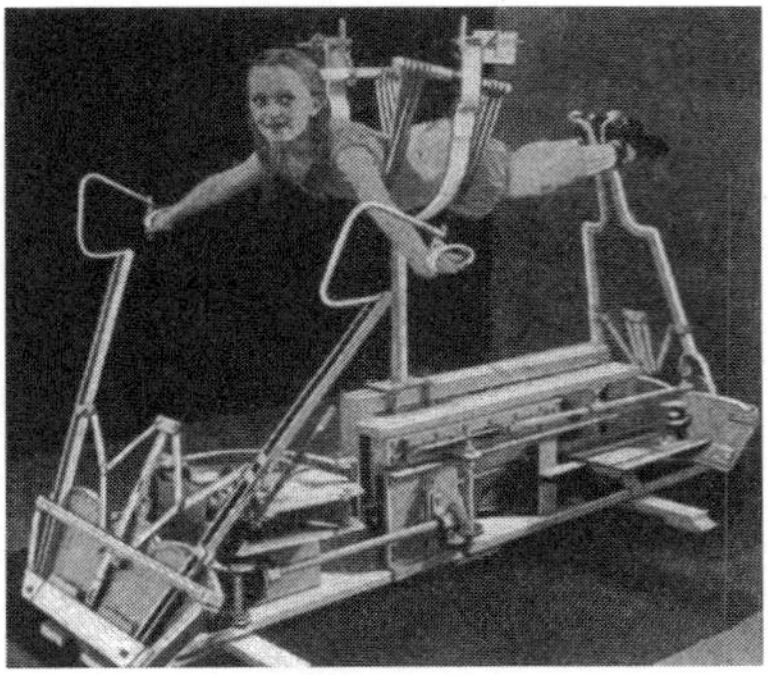

機械式「水泳の先生」。ドイツ製

幸運なことに、水泳指導の焦点は、まもなく補助装置からストロークに移った。結果的に、平泳ぎ自体も変わった。腕と脚を同時に動かす代わりに互い違いに動かすことでより速く進むことがわかった。さらに、顔を水に浸けることで、気持ちのいい、省エネの、長いグライド（水泳用語で、腕を前方に伸ばして滑るように進むこと）が可能になった。こうして平泳ぎは誰かが声高に断言したように、「ごく普通の最も簡単な泳ぎ方」として生き残った。「それは今も、これから先も、常に最も人気のある泳法であり続けるだろう」

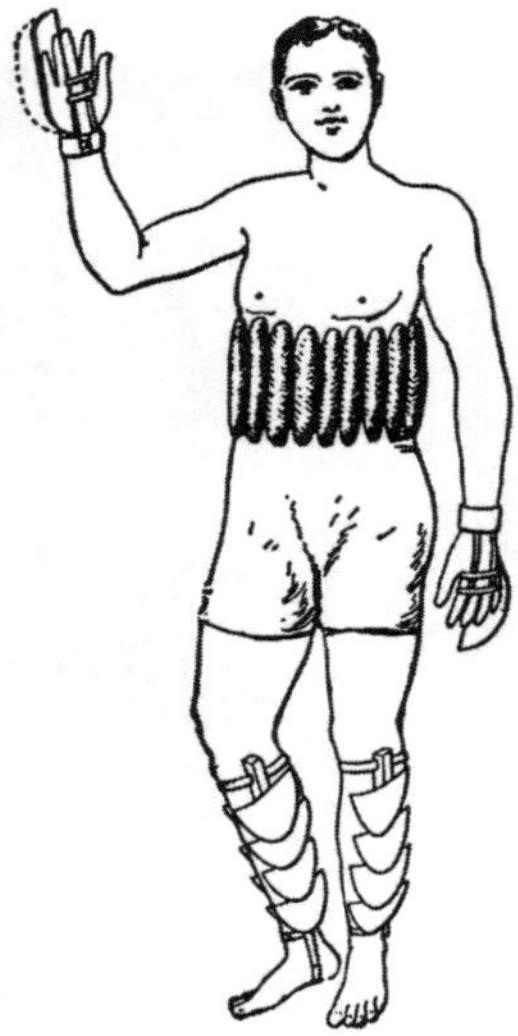

右:「ばかげている」とある同時代人に評された、エネルギーを浪費せずに泳ぐための数々の補助具——コルクベルト、ハンドパドル、脛に装着する開閉式フラップなど

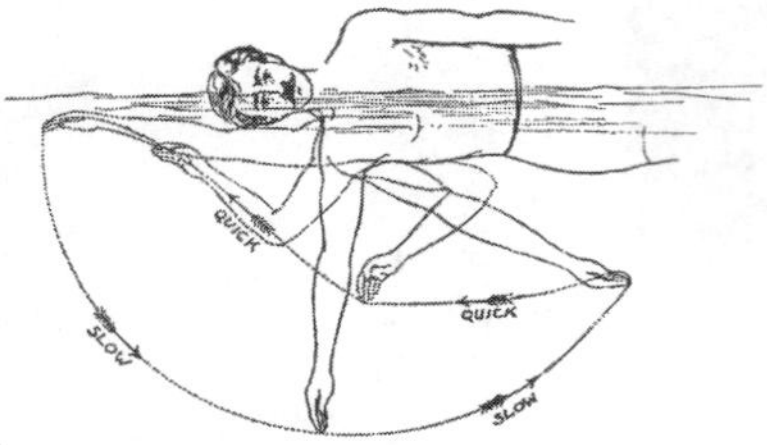

横泳ぎ

平泳ぎを横向きにして、下に来た腕を大きく前方に伸ばせば、水泳が普及していく初期においてスピードの増進とエネルギーの節約（「体の片側は休み、もう片側が仕事をする」）により奨励された横泳ぎ（サイドストローク）になる。

　これはサイドスイミングまたはアンダーアームストロークとも呼ばれ、ロンドンでは一九世紀半ばには競泳種目の選択肢にもなっていた。ジャーナリストのロバート・パトリック・ワトソンは「最も美しく、最も優雅な水中推進の方法」であると公言した。

　加えて、習得が最も簡単な泳法の一つでもある。あるライターにとっては、ただ水をバシャバシャするしかなかった長い年月の果てに、四〇歳でついにそのストロークを習得したことは天啓であった。「魚が突然歩けるようになったらどんな気分か、いっぺんに理解できた」と綴っている。

そのうち、カエル足はあおり足へとわずかに変化し、水をかくほうの手を、リカバリー時に水中で戻すのではなく空中に出すほうがよりスピードが出ることが発見された。こうして、オーバーハンド横泳ぎ、別名イギリス式横泳ぎ、または単にオーバーハンドと呼ばれる、数世代にわたる究極の肺つぶしが誕生した。当時のある人物がレポートしているように、それは「非常に疲れる、常に体力を激しく消耗させる泳法である。短い距離で急にスピードを上げたいときにだけ使える」

背泳（バックストローク）は発明されたというよりはむしろ、暗黒時代から抜け出た世界に「最も簡単」な泳ぎ方として勧められ、説明されたというほうが近い。最初、それは脚だけを使い、上下逆さまのカエル足（またもや）をして、腕はただ腹の上に載せていた。けれども、人間にはカエルと違って腕があるので、そのうちスカーリング（水泳用語で、漕ぐ動作のこと）の動きが加わり、次に、平泳ぎをひっくり返した湾曲運動になり、最終的にバッククロールとも呼ばれる、左右交互にリーチ（伸ばす）とプル（引く）を繰り返す動作に落ち着いた。やがて脚の動作が、今日わたしたちが「バタ足」と呼ぶものに変わり、この泳法は完成した。とはいえ、すぐに受け入れられたわけではない。

イギリスのイートン校の水泳教師は、背泳を「時間の無駄。使えない」と評した。他にも、競泳に使うにはスローすぎると一蹴したコーチもいたが、これは、背泳で、湯が沸くより短い時間内にオリンピックプールを目にも止まらぬ速さで二往復した世界記録保持者のアーロン・ピアソルにとっては驚きの発言だろう。

仰向けでいることの最大の難点は行く先が見えないことで、おそらくそれが、腹這い姿勢の平泳

「アル、お願いだからやめて。背泳ぎすると子供たちが怖がるってこと、知ってるくせに」

ぎや、呼吸の楽な横泳ぎがあれほどまでに長く君臨した理由だったのだろう。だが、この泳法もまた、脚と腕の両方の動きが〝湾曲運動と突き〟からプルとビート（叩く）へと変わり、進歩に屈することになった。そして、スイミングの歴史に犬がほんのつかの間、登場する。

名犬ラッシーが水に入っているところを見れば、すぐに彼女のしていることが犬かき（ドギーパドル、またはドッグストローク）だとわかるだろう。「犬かきについては、真剣に考えないように」とルネッサンスの年代記編者は忠告している。「なぜなら、多くの人が知らないうちにこの泳ぎ方に出会い……水泳を一度も習わないうちから、深いところでも長時間、もちこたえられるようになるから」であるが、この明らかな矛盾は、水中での初心者や小さな子供の動きを観察している人には容易に理解できる。しばしば、水泳教室で習う前によく見られる泳ぎかたで、明らかに水の

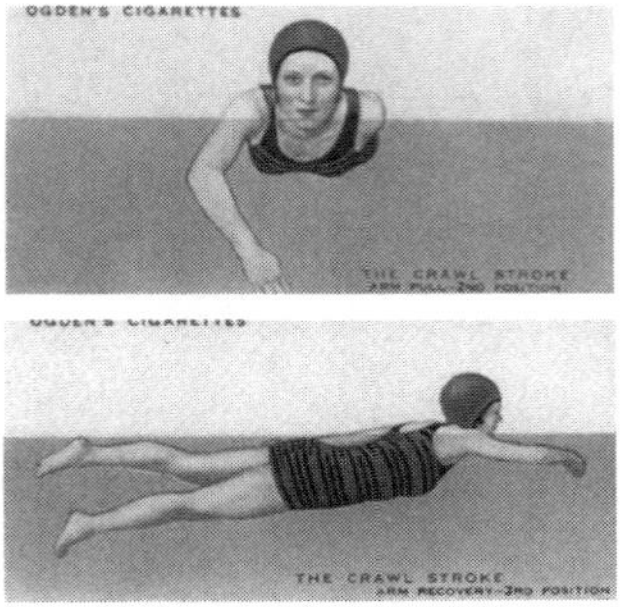

クロールまたは自由形

中を這《クロール》って進んでいるように見えるという理由から、オーストラリアの水泳チャンピオン、チャールズ・スティードマンはこれを「クロール」と呼んだ。その言葉は、当時はあまりよく知られていなかった。事実、彼が一八六七年に著した本が、初めてクロールという語の登場する水泳関係の印刷物であったかもしれない。すぐにその言葉は、まったく異なる意味をもつようになる。

この目新しい〝ハンド・オーバー・ハンド〟ストローク(ザ・スラストとも呼ばれる)がはっきりと目撃されたのは、未探検地のアメリカ西部を旅していた画家のジョージ・カトリンによってであった。「洗練された世界の普通の泳ぎ方とはまったく異なる」と記しているように、マンダン・インディアンの泳ぎ方に仰天した彼は、そのストロークを一八四四年にロンドンで発行された雑誌に忠実に描写した。

「顎の下から両手を同時に外側に向かって水平に水をかくことで胸部に大きな緊張を強いる代わりに、インディアンは身体を左へ右へと交互に投げ出し、片腕を完全に水の上に出してできるだけ遠くまで伸ばして水に入れるが、その間、全体重と力は、体の下で櫂《かい》のようにかいて彼を推進させるもう片方の腕に注ぎ込まれる。この腕は半円を描いて、後方で水上に引き上げられるが、反対側の腕は頭の上で同じようなアーチを描き、体の下でかく番が来たときに最大の効果が得られるよう手のひらを下向きにし、椀のように丸めて、できる限り前方の水に入れる」

おそらく、この気をそそる描写に刺激されて、英国水泳協会は同年のうちにオジブワ族の一行を招待したのだろう。すでにそのアメリカ先住民はカナダ人の興行主アーサー・ランキンにより、「気高い未開人」に魅了されるイギリス人大衆を相手にした旅回りの見せ物用に大西洋を渡っていた。偶然にも、カトリンもまた、ピカデリーの有名なエジプシャン・ホールで開かれる「ポートレイトとアメリカ先住民による工芸品の個展」の宣伝のために、彼らに報酬を与え、〝生きた展示〟の一部に加えていた。彼らはヴィクトリア女王のために、ウインザー城で戦勝祈願の踊りまでしてみせている。水泳協会は即席に競泳大会を用意し、いちばん速く泳いだインディアンにメダル（一位は銀メダルだった）授与を約束した。

かくして、一八四四年四月のある日の正午、ロンドンのハイ・ホルボーンのプールに集まった熱狂的な群衆のもとに、正装に身を固めたオジブワ族の一行が、異常に大きな乗合馬車で到着した。水温は先住民付きの医師のアドバイスにより約三〇度に引き上げられ、競技者のウェニシカウィービー（空飛ぶカモメ）とサーマ（タバコ）は衣装を脱ぎ、整列し、飛び込んだ。

この大会についての現存する唯一のレポートにも彼らがどの程度まで服を脱いだのかは明記されていないが、同行したインディアンの女性たちが大急ぎで別室へ追いやられたことから察するに、おそらく素っ裸になったのだろう。合図で彼らはスタートを切り、オリンピックプールより一〇メートル短い約四〇メートルを三〇秒以下で泳ぎ切った。〝空飛ぶカモメ〟が体一つ以上の差をつけて勝利。折り返し、スタート箇所まで再度レースが行われたが、やはり〝空飛ぶカモメ〟が〝タバコ〟に僅差《せ》で競り勝った。

今日、その速度では銅メダルすら取れない。世界記録より約一〇秒も遅いのだ。のちにこのインディアンたちの記録は、イギリス人の平泳ぎチャンピオン、ハロルド・ケンワージーにすら楽々破られている。だが、目撃した人たちと、名前はわからないが〈ロンドンタイムズ〉のスポーツ記者をうならせたのは、速さよりもむしろテクニックだった。

「彼らの泳ぎ方はまったくヨーロッパ的でない。風車の羽のように荒々しく腕で水を打ち、滑稽《こっけい》な格好で、下向きに足で水を叩いてしぶきを上げる」と書いている。それは平泳ぎとは似ても似つかぬ泳法だった。

不思議なことに、この一風変わった新しい泳法はハイ・ホルボーンのプールでいったん、少なくとも一時的には消滅した。ワインとビスケットで祝杯を上げると、オジブワ族の一行はカトリンのギャラリーでの仕事に戻った。〝空飛ぶカモメ〟の銀メダルはその週のうちに約束された。

しかし、彼の〝飛ぶ腕〟のイメージはけっして忘れ去られることはなかった。およそ三〇年後、ジョン・トラジェンという二一歳のイギリス人選手が競泳で優勝したときの泳ぎ方が観客の目を奪い、古い記憶を呼び覚ました。彼は「両の腕を完全に水から出して泳いだが、それはインディアン特有の動作だ」と一八七三年の〈スイミングレコード〉の編集者は記している。さらに「両腕はいくぶん斜めに投げ出されているが、すこぶるぞんざいで、頭は常に完全に水から出ていた」とも。

当のトラジェンはそのストロークをアルゼンチンの先住民から習ったと言った。だが、先輩のオジブワ族たちと違い、「彼のタイムは非常によかった」。事実、あまりによかったために、ロンドンの他のスイマーたちを月並みなレベルに貶《おとし》めてしまった。あまりにも速かったため、「トラジェン」の名がその話題の新泳法に冠せられた。

速くはあったが、その泳法はぎこちなく見えた。常に頭を上げ、脚はバタ足ではなくカエル足に近く、ぎくしゃくした動きで前方に突進する。ある観察者は、「身体はワンストロークごとに浮き上がり、また腕を一回振り上げるごとに前方に投げ出されるように見え、一つの動作が終わるたびに大量の水が掻き回される」ことに気づいた。ちょうどティクタアリクのように、トラジェンは、平泳ぎの海から新しい完成の世界へと進化する過渡期のストロークだったのだ。

徐々にそれはより細く、より流線形に近いバージョンに変化していき、頭はほぼ完全に水に浸かるようになり、脚は体が左右にローリングするにつれ、カエル足からあおり足に近い形に変わっていった。それは一部の人々にとって「ストロークの王……泳ぐことにわずかでも楽しみを見出すことができるすべてのストロークのなかで最速」であった。「これこそが最高のスピードを最小の力で出せるストロークである。これこそがスピードと距離の、競泳と遊びの、スイミング用タンクと海の両方に同じくらい適したストロークである」と。

だが、それはまだ、未完成だった。次の段階の改良には以下のように矛盾する記述がいくつか見られる。

一九〇二年、オーストラリアの有名な水泳一家の出身で一五歳のディック・カヴィルが、トラジエンの上半分——腕を交互に抜く——と新しい脚の動作を組み合わせた泳法で、一〇〇メートル競泳に優勝した。次の念入りな描写を読めば、それがいかに斬新なものであったかがわかる。

「身体を左右にターンすることなく、両足を交互に水の上に上げて、膝から足指まで水面を叩きつけていた」

今日では、これは〝バタ足〟と呼ばれている。カヴィルは、ソロモン諸島の先住民からこれを習ったという競泳選手のやり方を見て学んだと主張した。ストローク自体については、こう描写された。「泳者は水の中にいるというより、水の上に這っ《クロール》て登っているように見えた」

カヴィルがそれを行ったとき、競争相手たちは彼が「わたしの上に這い《クロール》上ってきた」と言った。別の記述によれば、ソロモン諸島でバタ足を習ったアリック・ウィッカム選手が競泳でそれを行うと、シドニーのあるコーチが「ほら、あの這っ《クロール》ている子を見ろよ」と言ったという。

いずれにしろ、それは「トラジェンクロール」、または最初にそれで泳いだ人物にちなんで「オーストラリアンクロール」と呼ばれた。アメリカ人選手たちがこの泳法を導入するころには、いわゆるツービートキック（腕の一ストロークにつき一キック）はシックス（同じく三キック）に変わっていた。また別のオーストラリア人は、ストロークと呼吸を同調させると効率がより高まることを発見した。わたしたちが今知っているクロールは、一九一〇年にある物理学教師が記しているが、「すべてのストロークのなかで最新かつ最速のもの」として確定された。

流線形化は続く。そして、混乱も続いた。かつてわたしは片腕のモーションごとに交互にバタ足とあおり足を行うトラジェンクロールを教わった。これは厳密には科学的でない。

堅実な平泳ぎさえ、反対側の壁により速く到達したいと願う人たちのせいで再調整された。一九三〇年代には、何人かの別々のスイマーの功績によって、水中で大きく円を描く腕の動きをやめて、代わりに水上に持ち上げ、それをうねるようなキックと組み合わせた泳法が生み出された――バタフライである。あんなにも体が痛くなるストロークに、これほどまでに繊細な響きの名前が付けられるとは。上手に行われれば、見る分には最も華麗な泳法の一つなのだが。

水泳界が「ドルフィンキック」と名付けた、あの腹立たしいほど難しい新種の脚の動きは、受け入れられるまでにさらに数十年を要した。バタフライは短く「フライ」とも呼ばれているが、体のしなやかさと体幹の強さの究極のテストであり、マスターするのが最も難しいストロークである。胴体をうねらせ、足を屈伸させている間に、腕はほとんど三六〇度回転させ、その途中で呼吸する。泳げない蝶から名前を取ったのはなんとも皮肉である。

優美で繊細な平泳ぎ

ある水泳インストラクターが言った。「水泳のストロークは服のようなものである。たった一着のスーツでは、快適には暮らせない」

元平泳ぎの選手で、女性コメディアンでライターでもあるローリー・キルマーティンは、自身の〝スイミングのワードローブ〟から各スタイルを次のように描写している。

自由形　まったくもって退屈で想像力に欠けるストローク。右腕、左腕、右キック、左キック。こんな繰り返しに、いったい誰が知的な刺激を見出せるわけ？　ドスン、ドスン、ドスン。自由形は象のストローク……象には悪いけど。代数が得意で、黄信号で車を停車するような人たちのストローク。自由形スイマーはマックよりウインドウズを、マイルス・デイヴィスよりケニーGを、夜より昼を好む。

背泳　上下逆さまってことに気づかないの？

バタフライ　もう！　いったいいつ、この凶暴なストロークは病院に入れられるの？　スイミング一家の声の大きな叔父、それがバタフライ――感謝祭に不作法にTVのリモコンを独り占めし、他の全員に無理やりサッカーを観戦させる。大人になりなさい。恥をかいているのに気づいて！

平泳ぎ　この非情な世の中にあって、ひたすら気高くて善良な平泳ぎ。多くの神々が、この最も繊細なストロークのもたらす孤独を楽しんでいる。平泳ぎの趣味は洗練されている。〈ニューヨーカー〉を読み、油で抽象画を描く。ときには、マティーニをたしなむことも（セブンイレブンで万引きしたバドワイザーを缶からガブ飲みするアル中のバタフライとは大違い）。それは内なる野獣を鎮め、悩む心にはおだやかな強壮剤となる。

平泳ぎは、宇宙と調和している。プルとキックが陽気なシンメトリーで追いかけっこをする。それでも足りないっていうなら、平泳ぎには競泳における珠玉の部分がある――それは、潜水……すっぽりと静寂の水に包まれる聖なる瞬間。平泳ぎスイマーは潜水の間にしばしば背泳スイマーでないことを神に感謝し、勇敢な肺が爆発寸前になって初めて水面に浮上する……平泳ぎは陰と陽、ラム＆コーク。静と動が融和している。

今日、バタフライ、背泳、平泳ぎ、自由形の四種類のストロークが競泳種目として公式に認められている。そのなかでわたしがいちばん練習するのは自由形だが、それは自由形で満足できるレベルになるのは不可能だからだ。けれども、心から愛しているのは平泳ぎだ。

ジークムント・フロイトは、髭《ひげ》が濡れなくてすむのでやはり平泳ぎが好きだったそうだ。その利点は頭髪にも当てはまる。〈スイマー〉誌の編集長で平泳ぎスイマーのローラ・ハメルは、「平泳ぎは知的な人のストロークよ。ルールブックを見て」と言って、平泳ぎがルールブックのなかに他のどのストロークよりも大きなスペースを占めていることを指摘した。「判定がすごく難しいのね」と付け加える。さらにロマンティストの平泳ぎスイマーは、その上がったり下がったりするリズムを、毎日水平線から昇ったり沈んだりする太陽や月にたとえる。詩人は平泳ぎの両手を合わせる動作に祈りの姿勢を見出す。平泳ぎをしているときは、まわりを見ることができる。息もできる。水中を滑るように進みながら思考することもできる。わたしはただ自分にこう言っている。

ヘレスポントスで平泳ぎ

「脚を上げて！」
「体幹を使うのよ！」
「上腕三頭筋を使いなさい、前腕じゃなく！」

これは、わたしが自分の自由形を新しいレベル――何よりも、ヘレスポントスの横断泳を可能にする熟達レベル――に引き上げようと決意して以来言われ続けてきたことの、ほんのいくつかにすぎない。正直言うと、わたしはいつも自分のことを、どんな湖や大海で暮らそうが、漣や大波の間をスルスルと泳ぎ回れる完璧にエレガントなマーメイドだと思いこんでいた。ところが、週二回の全米マスターズ水泳協会（ＵＳＭＳ）の訓練を始めると、むしろ他の人たちより劣っているかもしれないと思わされた。屈辱だった。

水泳のレベル以前にまず、先頭から距離を置いて時計と反対まわりに泳ぎ、追い越したいときには相手の足を軽く叩くといった、ラップスイムのエチケットについて学ばなくてはならなかったし、新しい業界用語にも慣れなくてはならなかった(「オッケー、三分一五秒のフリープル二〇〇を五、七、七、五の呼吸で五本しなさい」とか)。キックボードに慣れ、腕の強化のために〝プルブイ〟という名の小さなくさび形発泡スチロールを腿の間にはさんで脚を浮かせて泳ぐこともありがたく受け入れ、スプリントのたびに肺から息の残りすべてを絞り出す苦痛も味わった。さらに、スピードを上げるためには、筋肉にしみついた何十年分もの記憶を消し、四肢を教育し直さなくてはならなかった。

専門家が「水に対する感覚」と呼ぶものがある。オリンピック背泳金メダリスト、ナタリー・コグリンによると、それは才能あるスイマーに「水泳以外ではけっして使わないすべてのごく小さな筋肉」の上を通りすぎる漣にも気づかせる、研ぎ澄まされた集中力のこと。「脛と足と腕がやっていることに気づきながら、同時におなかがやっていることにも気づいていなくてはならない」のだと説明する。「それは水の動きを感覚でキャッチする頭の体操で、常にしていないとできなくなる」そうだ。

泳ぎ方が変わったときにはなおさらだ。たとえば、わたしが子供だったときには、クロールは身体を平らに、それもヒラメのように真っ平らにして泳ぐよう教わった。地上で手本を見せてくれるようインストラクターに頼むと、彼らはじっと立って腕だけを動かした。右、左、右、左。呼吸についても同じ。体全体ではなく頭だけをターンしながら、胸いっぱいに息を吸い込めと教わった。

今日、すべてはローリングにつきる。頭と背骨を一直線に保ち、前方に手を伸ばすとき、体はパンケーキよりはナイフのようでなくてはならない。手本を示す人はデッキに立って、ヒップと反対側の腕を前へ後へと動かす、まるでジルバでも踊っているかのような動作をするだろう。「水中でピラティスでもするように、身体のすべての部分を一直線上に並べることを習得しなくてはならない」。説明が抜群に上手いからと推薦された、テキサス州サンアントニオの有名な元クラブコーチ、ジョージ・ブロックは助言する。「体幹を使って流線形を作り、次に腕と脚で推進力を加えなさい」と。

彼とは電話で話したのだが、説明がすこぶる写実的なので、彼からなら、おそらくリビングルームで学ぶことも可能だと思われた。

「わたしたちの体は風船です。肺はばかでかいエアバッグだ。それが脚という錨につながれている。脚には最大の筋肉があるが、心臓からいちばん遠い。だから、やたらと酸素を浪費する。身体を推進させるのに、大量の酸素と多くの心拍という代償を払わせるのです。わたしたちは筋肉の強さは必要とするが、それは生理学的な問題というより、むしろ神経学的な問題です。なぜなら、正しい筋肉を利用することを習得しなくてはならないからです。そして、スイミングでは、正しい筋肉はすべて小さな筋肉だ。スイミングは完全に脈動のスポーツです。どんな動作をしていようがすべて、スロー――クイック、スロー――クイックの繰り返し。たとえば自由形では、まず手首を伸ばし、指が下がり、掌が後ろ向きになり始め、それから肘が回転する。次に大きな櫂を前方で作るために、前腕全体を後ろ向きにする。ここまではすべて比較的ゆっくりやりたい。水を感じられるかい？水が前腕にまとわりつくとき、水の感覚を得られるかな？　そこで、広背筋と三頭筋の大きな筋肉が瞬発力を出す。そして、ピューッ！　腕を可能な限り速く、そして遠くまで引く。つまり、ストローク全体がゆっくりした始まりから速い終わりに向かって速度を上げていくのです」

では、脚は？

「脚はスローからクイックへと加速する上半身の動きに対し、ほとんどメトロノームのように一定です。だから、パーカッションや弦楽器のセクションが一つのことを繰り返している間に、管楽器が何らかのメロディを演奏しているようなものだね」

プールで練習していたとき、あるコーチに「歩きながら同時にガムを噛むことを学ばなくてはならない」と言われたことを思い出した。ジョージ・ブロックは同意した。「まさしく。でも、そうしながらも、体の力を抜けと生徒たちに言っても、ただ頭が混乱するばかりです！　おまけに、水中で肘を上げていろとも言われるのですから」

つまり、すべては体重移動と、微妙な動作と、水を味方につけることにかかってくる。覚えておくことは多いが、一時間に一度程度わたし自身が発見するように、うまくはまったときにはすべてが道理にかなっている。この分ではスイミングが楽しみではなく仕事に、水の中にいる喜びが退屈な義務になってしまうのでないかと心配になった。でも、それはありえない。学ぶことがあまりに多くある。

ニューヨークの水泳専門家、ジェーン・カッツ博士は、親切にもいっしょに泳いでくれた朝に、もっと具体的な秘訣を伝授してくれた。

ストロークごとに腕をもっと先まで伸ばすこと。平らになるのをふせぎ、水によりよく切り込むために、息つぎをしないほうの側にほんの少しローリング（水中に頭を下げたまま）すること。息切れを防ぐために、ストローク一回につきキックは二回にとどめること。腕に頼りなさいとも言われた。「確かに、学んでいるときは疲れ果てるわ」。レッスンの後で、機敏にプールから上がりながら彼女は言った。「でも、少しずつやればいいのよ。ハーフラップ、次に一ラップ、それから泳ぎ続ければいい。いずれできるようになるわ」

彼女は正しかった。今、わたしは以前より敏捷に感じられる、いい泳ぎをしている。

これが、多くのスイマーたちが学んで上達する方法なのだ。四肢や筋肉の一つ一つを集中的に改良し、それらをやがて結びつける。

テリー・ラクリンはこれとは違ったシステムを使っているが、それは「トータルイマージョン（ＴＩスイム）」と呼ばれる、初めて水に入る多くの大人たちに有効な練習法で、身体のパーツではなくバランスに重点を置いている。「〝脚の部分〟や〝腕の部分〟ではなく、全身が流線型になることが重要だ」と彼は主張する。「水の中での自然な体の動きを学びなさい」と。

〈アメリカン・スポーツ・パブリッシング〉発行の雑誌。水泳特集号

マンハッタンから車で二時間近く北に上ったニューヨーク州のハドソン・リバー・バレーにある静かな町ニューパルツに彼を訪問すると、トータルイマージョンのなめらかなクロールのイメージにそぐわない、六〇歳らしい、ごく普通の体形をしたラクリンが、そのテクニックを披露してくれた。地下にある彼のプールの温かさは、冬の地面に積もった雪からの、つかの間のうれしい逃避だった。水温は心地よい三二度。前方からの水流をコントロールできる、バスタブより少し大きいだけの、いわゆるエンドレスプール（流れに逆らって泳ぐことで永遠に泳ぎ続けられる循環式小型プール）だった。「体のまわりのきれいな水の流れに注意を払って」。プールに滑るように入りながら、彼は言った。

ビデオカメラを使い、彼はわたしの問題を即座に分析した——わたしは水中で効率的でないのだ。「腕と脚のやっていることがわかるかい？」。水中画像を見せたあとで彼は説明した。「推進力を増そうとしてやっていることのほとんどが逆効果になっている。泳ぎながら身体のポジションを修正しているだろう。水の中を自分が動いていく代わりに、むしろ、まわりの水をかき混ぜているんだ」

要するに彼が言いたいのは、腹を使ってバランスを取り、身体を流線形にし、手脚の力を抜くべきだということ。

「水の分子を後方に押しやることに腕の筋肉を使ってはだめだ」。わたしが使っている不必要な力を指摘する。「自分の前にある水の分子を切り離すことに使うこと。力のいくぶんかは後ろに押しやることに使われるだろうが、それはあくまで二次的で、わたしが〝人間サイズの筒〟と呼んでいるものがあると想像して、そのなかを腕以外の体全体がするりと抜けていくように努めるんだ。やわらかく、静かに泳ぐようにしてごらん。月の光を集めるように」

これは、実際、他とは異なるアプローチだ。パワーよりもバランス。なぜテリー・ラクリンがインターネット上で話題の人となり、世界中にファンがいるのかがわかった。ちょうどそこにいたときも、スイマーよりはレスラーに見えるカナダ人の中年男性が、北極圏のすぐ下にある自宅からまずモントリオールに飛び、そこから四時間車を運転して、彼の若い息子に負けないためにラクリンのレッスンを受けにやって来た。「テリーは水を感じる手伝いをしてくれた」と彼は言う。「子供時代に、車の窓から手を出して空気を感じたときのようにね。一つ一つの動作を五〇回練習すれば、それで完了なんだ」

数カ月後、雪が解け、夏の太陽のおかげで長く水に浸かっていられるようになったとき、ニューヨークのロングアイランド湾沖での一・六キロの訓練から上がったわたしは、オハイオ州出身の男性とたまたま雑談することになった。彼はわたしのストロークを称賛し、「スイミングを始めてまだ長くないのですが、あなたと同じことを試みています。『トータルイマージョン』という本を読みましてね。オンラインでレッスンを受けてるんですよ」と言った。テリー・ラクリンを個人的に知っていると言うと、彼はロックスターの名前でも聞いたかのように目を大きく見開いた。

誰もがTIスイムのファンというわけではない。競泳のコーチのなかには、パワーの軽視や、すでに効果が証明ずみのテクニックの無視に疑問を抱く人もいる。たとえば、ラクリンはプルブイやキックボード、フィンなどを、身体部位の一体化ではなく分離を促すという理由で「汚染物質」と呼んでいる。彼自身、最初の本に書いたいくつかのことについては後悔していて、改訂版を出す準備をしている。だが、彼の根本的方針はプラクティカルで、わたしが教わった他のすべてのこととさほどの違いはなく、ただ、まとめ方がほんの少し異なるだけだ。その大半がわたしが受けたUSMSの訓練に組み込める。事実、これまでに得たすべてのアドバイスが有益だ。今はただ、教わったすべてを整理し、どれがわたしに合っているかを発見して、適用すればいいだけだ。

「泳ぎ方の答えは一つではありません」。科学者で米国水泳連盟のパフォーマンスについての専門家でもあるラッセル・マークは言う。「個々人の体格や関節可動域、柔軟性、強さ、腕や脚の長さによって違ってくる部分が大きいのです。連盟の精鋭スイマーには、ただ水の中にいることがごく自然で、はたからも非常に楽に見える人が多い。一方で、趣味で泳いでいる人たちはたいてい、ただ水に浮かぶところから頑張らなくてはならない。ビギナーには〝ほら、リラックスして。水と闘う必要はないんだよ〟って言いたくなるんですよ」

ある意味、それは頭ではなく感覚に従うという降伏の術だ。それを（自分自身が）「ストロークになる」「プールや海になる」と表現する人たちもいる。スイミングの禅だと、彼らは言う。そここそが、精鋭スイマーたちが身体的にも精神的にも暮らす場所なのだ。マイケル・フェルプスに水の中は気持ちがいいかと訊くと、ためらいのない答えが返ってきた。

「ぼくの我が家です。この二〇年間、ずっとそうでした」

マイケルはまだ二六歳だ。

5　高速レーン

赤いバルーンはどこ？　わたしのエンジーンは？　ストロークの合間にもう四〇分以上、両方を探している。ターニングポイントを標《しる》す、ボートにつながれた三つの巨大なプヨプヨしたバルーンを。「そこまで来たら、ほぼ中間点です」と短い説明があった。「いちばんきつい部分は過ぎました。そこからは波が助けてくれるでしょう。エンジーンでも付けたかのように泳げますよ！」

アドバイスは断定的だが、アクセントはかわいい。コーディネーターを務めるトルコ人のアフメット・チェリックはエンジンをエンジーンと発音し、それはわたしの頭のなかで永遠にぐるぐる回り続けるマントラになった。わたしのエンジーンはどこ？

正式には、このイベントはレースで、わたしはわたしを打ち負かそうとする四三一人の競争相手とともにアジア大陸を目指している。とはいえ、あくまで友好的なイベントだ。半数近くがわたしのような外国人で、そのほとんどがイギリス人かオーストラリア人、それにロシア人と一握りのアメリカ人。加えて、一〇人あまりの威勢のいいオランダ人（「忙しい仕事と重い住宅ローンを抱え

ヨーロッパからアジアへ。
オーストラリアから参加

た責任感の強い父親たち」だそうだ）。彼らはチームで泳いで、寄付金集めをしている。残りはトルコ人。正確には、トルコ人の若者たちだ。引き締まった若い身体にはちきれんばかりのエネルギーを発散させている。以上、ほぼ全員がわたしより若く、速く、それに見合ったタイムの保持者だ。

三四歳ながら、まるで十代のようにしなやかなボディをしたオーストラリア人の分子生物学者ケイト・ビスチョフは、パース沖で二〇キロのレースを完泳したばかりだ。

イギリスのケント州から参加した五二歳の保険事業マネージャーのバーニー・ストーンは、「大陸間の大きな隙間を泳ぐのが好き」だとか。昨年はジブラルタル海峡（一八キロ）を横断し、今はアラスカ州ダイオミード島からロシアまで泳ぐために、アイスベストをつけて練習している。

ヨークシャーから来た、ピンク色の頬をした五二歳のリン・テトリーは、今回、娘がいっしょに泳ぐパートナーを欲しがったので参加したそうだ。糖尿病を患っており、そもそも長距離の水泳は、医者に無理だと言われたので始めたのだとか。二五年前にはやはり「わたしにはできないと言われたので、いいえ、できますとも、って証明するために」ドーバー海峡を完泳したそうだ。「でも、今はもう、あのころほどは強くないの」と彼女は言うが、わたしは畏《おそ》れ入り、この大スイムイベントの前にコーチ室で、主催会社スイム・トレックのオーナーで長身スリムなオーストラリア生まれのイギリス人サイモン・ムーリーに歩み寄り、参加者のなかにドーバー海峡完泳者がいると晴れ晴れしく報告した。

「あのね、リン」彼は辛抱強く答えた。「ここにはドーバー完泳者は大勢いるよ」。彼自身も含めて。そうだったの！

わたし？　わたしはただ、この横断に成功したいだけ。

それを特別困難なチャレンジにしているのが、制限時間の存在だ。年に一度、この日だけ、いつもはこの海峡を定期的に往復する船舶が一時間半停止する。その間にフィニッシュラインに到達しなければ、監視ボートに引き揚げられる。いや、その前でも、危険な状態に陥れば引き揚げられる。レース前のミーティングで、アフメットが五〇隻のボートが後ろから追いかけていくので安心するようにと言った。「だといいんですけど！」。ナーバスになった参加者の一人が、聴衆のなかから声を上げた。「わたしのあとをついてきてください！　わたしの姿を覚えておいて！」

九〇分がこんなに短く思えたことはかつてない。こんなに多くの準備を必要とするスイムイベントに参加したこともない。

イベント開始前の今朝早く、参加者はまず登録し、心臓と血液の検査を受け、番号を与えられ（わたしは三二七番）、タグ（電子チップ入りアンクレット）を付けられ、キャップをかぶせられ（地元のロータリークラブが提供した特製のスイム用〝ボンネット〟で、外国人はオレンジ色、トルコ人は黄色）、正午にフェリーで海峡の対岸まで運ばれた。

出発地点は、至福の摂氏二五度の海水がやさしく足の指に打ち寄せる小石の浜だった。ありがとう、ポセイドン。去年は海上の状態が悪すぎて、三分の二のスイマーが完泳できなかった。そして今年も、吹き荒れる風のせいでしける海を、三日間、わたしたちはピリピリしながら見守った。今日は違った。海があまりに気持ちよさそうなので、「はじけるような清潔さのなかで泳ぐ人たち」について綴ったイギリス人の理想主義者、ルパート・ブルックを思い出した。わたしたちにも同じものが与えられますように。

輝く太陽と絵具箱をひっくり返したような空のもと、ムードは陽気だが、同時にピーンと張りつめたものもある。三日間、共通の情熱を分かち合うために集まってきたものの、この先に何が待ち受けているかは知らない、裸に近い人々の群れ。頭を締めつけるキャップ（失礼、ボンネットだ）、肌に張りついた水着、それに昆虫の目のようなゴーグルを着けたわたしたちは、まさに地球人に挨拶をせんばかりのエイリアンの集団に見える。わたしは自分のスペースを見つけようと、群れから徐々に離れていった。自分の泳ぎをしなさい、そう言われた。リラックスして！ 楽しんで！ と。オレンジ色の旗が上がり、わたしは深く息を吸い込んだ。ピストルが鳴る。レースは始まった。

六本のしなやかな針が、紺碧の織《はた》の間を整然と縫っていく。五〇メートル行って、五〇メートル戻る。行っては戻り、行っては戻る。長い強靭《きょうじん》なボディから生み出される完璧なストロークの着実な連鎖。彼らは人間潜水艦、行儀のいいミサイルだ。屋外プールの水と完璧にシンクロしている彼らは、漣すらほとんど立てない。思わず目を奪われる。

すでにオリンピックで金メダル二個と銅メダル一個を獲得しているオランダ競泳ナショナルチームの男女選手たちが、冬のアムステルダムのじめじめした雪と屋内プールの靄《もや》を逃れて、カリブ海のキュラソー島でトレーニングをしている。彼らは太陽のもとで練習するため、ここにやって来た。偶然、わたしも、彼らと同じスポーツをしているとはとても思えないが、自らのスキルを改良するためここに来ている。プールデッキの下に波がやさしくすり寄ってくるこの至福の午後に、そして同じくらい至福の青空のもとにあっても、そのコントラストは歴然としている。チームに同行してきたオランダ人ジャーナリストが悪びれもせず、同僚のほうを向いてうなずきながら「これが水泳だ」と言い放った。

ほんとうに。

わたしはベネズエラ沿岸のこの乾燥した島に、「スイムトレーニング・キャンプ」と銘打った、訓練と遠泳指導の一週間プログラムに参加するためやって来た。ストロークを矯正し、速度を上げる計画の、またもう一つのステップだ。わたしはグループのなかでは初心者だが、それはわたしにとってそれが初めての参加だからではない。他の二五人ほどの参加者の多くがトライアスロンの選手だからだ。したがって、彼らは朝の七時に始まるスプリントとセットになったきつい一時間半のスイミングの後に、更衣ブースに駆け込んでスーパーマンのような上下に着替え、それから草木も枯れる猛暑の中を五〇キロ以上、走るかサイクリングか、または両方をする。その間わたしは自室でずっと新聞を読んでいる。午後四時の外洋スイムのために戻ってきた彼らは、それでもまだ、飛ぶようにわたしを追い越していく。

オランダチームとの偶然の出会いは思いがけないボーナスだった。テレビ画面ではなく、プールサイドから精鋭のアクションを眺められるチャンスはめったに得られるものではない。

どんなスポーツであっても、エリートたちは、その徹底した専心ぶりといい、目的に合った体形といい、きわめて特種な人たちだ。彼らは、一言でいえば、あなたやわたしとは違う。水泳の一流選手はとりわけ独特だ。

「広い肩幅、細めのウエスト。腿が太めの人もいます」。アメリカ代表オリンピック選手のカレン・ジョーンズが、見事なV字型の自らの体形を描写するがごとく言った。「とにかく、ぼくらの体は独特です。ものすごく特徴的です。腹筋は確実にシックスパック（六つに割れている）になっています」

胴体の筋肉も割れて、一つずつ数えることができる。まずは胸筋、腹筋、斜筋ときて、最高に引き締まった女性の水着のストラップさえピンと張る膨れた広背筋、そして背中を広くする分厚い僧帽筋。

プロ水泳界のオスカーに当たる二〇一〇年ゴールデン・ゴーグル・アワードの授賞式に、オリンピック三大会で金メダルを獲得したナンシー・ホグスヘッドは、今なお引き締まったボディを胸元の大きくあいたワインレッドのロングドレスに包んで現われた。彼女は筋骨たくましい現役選手や元選手の集まりを見渡して、このイベントが大好きだと言った。「ここでは、わたしの腕は普通だから！」。彼女が右腕の力こぶを顕示すると、同意した観客は大歓声を上げた。

長身も有利だ。ジョーンズは一九八センチ。四〇〇メートル自由形の世界記録を保持する十代の中国人選手、孫楊《スンヤン》は二メートル近くある。アメリカ人の驚異の十代選手ミッシー・フランクリンは一八五センチ。オリンピックで計六個のメダルを獲得しているライアン・ロクテは一八九センチ。翼幅が長いのも助けとなる。マイケル・フェルプスが両腕を広げた幅は、身長より七・五センチも長い二〇四センチに達する。翼幅が身長より一五センチ長い選手もいる。スイマーの長い四肢の先には特大の手や足が付いている。大量の水をすくい上げるフィンサイズの付属物だ（フランクリンの靴のサイズは三一センチある）。

彼らの脚は後方にしなり、歩き方を見れば、種目がわかる。自由形の選手には内股が多く、平泳ぎの選手はアヒルのような歩き方をする。彼らの体はやわらかい——とんでもなくやわらかい。フェルプスが足首をほとんど脚にぴったりつけられるくらい前に曲げられることは有名だ。パーフェクトなヒレ足だ。オリンピック選手ダラ・トーレスの足の指は、手の指さながらに動かすことができる。ほぼ全員が肝心な部分の関節は通常よりずっと可動域が広い「二重関節」となっている。

ちょうどプールでラップスイムを終えたばかりの、すこぶる陽気で協力的な若いオランダ人女子選手、ラノミ・クロモヴィジョジョも例外ではなかった。

「ええ、いいわよ」。肘の動きを見たいというわたしの注文をおもしろがって、彼女はくすくす笑った。そして平然と腕を内側にねじった。わたしが同じことをしたなら皮膚を突き破って骨が飛び出しかねない不自然な角度だが、そのおかげもあって、彼女は自由形のチャンピオンになった。二一歳にして、世界で二番目に速いスイマーだ。二〇一一年の上海世界選手権では、五〇メートル自由形を二四秒二七でフィニッシュした。だが、スウェーデンのテレーズ・アルシャマー相手にわず

スピード製LZR。マイケル・フェルプス。2008年

ロンドンオリンピック用の水着。ライアン・ロクテ。2012年

オランダ人オリンピック選手、ラノミ・クロモヴィジョジョ

か〇・一三秒差で金メダルを逃した。クロモヴィジョジョのチームメイトで、〇・二二秒遅れて壁をタッチし、銅メダリストになったマルレーン・フェルドハウスも、ここキュラソー島で一つのレーンを泳いでいる。

そんなふうに、水泳界での成功は判定されるのだ——そう、他のあらゆる場面ではまったく意味をもたない極小のタイム差によって。

マイケル・フェルプスは二〇〇八年の北京オリンピックで、仰天すべき八個目の金メダルを〇・〇一秒差で勝ち取った。瞬きの三分の一の時間だ。計時装置が小数第二位より先まで計測可能になれば、端数はさらに無限に小さくなるだろう。競泳では、わたしたちが食料品店で小銭を切り捨てるようにはタイムを切り捨てない。爪の先の長さで、タイムをもぎ取る。ダラ・トーレスは自身の四一歳でのカムバックについて著した『年齢は単なる数字にすぎない』のなかで、「スイマーは一秒のなかに始まりと、真ん中と、終わりがあることを身にしみて知っている」と記している。
沈む太陽と昇る月が地球から同じくらいの高さにあり、インフィニティ・プールが水平線上の小さなシュークリーム形の雲と溶け合うこのおだやかでトロピカルな午後には、タイムは場違いだ。確かに、才能豊かな教え子たちより歳は上だが同じくらい健康なジャコ・ベルハアランという名のコーチは、ラップごとにタイムウォッチをチェックして、頭の中での測定が正しいことを確認している。が、訓練のこのパート、この日二度目の二時間スイム（一時間の地上でのウェイトトレーニングとセットになっている）は、タイムではなく、フォーム、体力、そして持久力に重きが置かれている。キックボードとプルブイを交互に使って、脚を、そして腕を鍛えたり、シュノーケルをつけて泳ぎ、息継ぎをすることなくバランスに集中したり、よりいっそうの筋肉強化のため、プールデッキに固定されたバンジーコード（ゴムロープ）をつかんだりと。

「そりゃあ、すごく疲れるわ」。ラノミ・クロモヴィジョジョがタオルで体を拭き、キャップを取って長い黒髪を振り下ろし、パーフェクトな白い歯の間からスポーツドリンクをぐいっと一口飲んで、言った。「でも、水の中にいるのが好きなの。流れにまかせて、ただすごくゆっくり楽に泳ぐのが好き。頭を水に浸けていると、魚にでもなった気分よ」。水への執着は、わずか三歳で始まったという。「水着を手に入れたとたんに、泳げる！って思ったのね」思い出して笑っている。「それで、すぐさまプールに飛び込んだの。ママは恐怖で息が止まりそうになって、〝オー、ノー！〟って叫んだそうよ」

それで母親は小さなラノミを生まれて初めてのスイミングレッスンに登録した。一五歳になるころにはヨーロッパのジュニアチャンピオンになっていた。今では日曜をのぞき、毎日八時間から九時間をプールで過ごし、週に四万五〇〇〇メートルを泳ぐ。朝起きて、練習をしたくないなんて日はないのかと質問した。

「ないわ」彼女のコーチから聞いていた返事がそのまま即座に返ってきた。

「泳ぎたくなかったことなんて一度もない。水を感じるの。この手に逆らうパワーを感じるのよ。水泳はわたしにとって……」彼女の人生における水泳の大きさを説明しようとして、声が先細りになる。「水泳がいちばん大事。他のことはすべて二番目でしかない」

クロモヴィジョジョの次なる大舞台はロンドンオリンピックだ。そこで、個人種目での金メダル獲得を望んでいる――二〇〇八年北京オリンピックの四〇〇メートル自由形リレーで、チームの一員として獲得した金メダルに加えるために。「いくつあっても、もっと欲しくなるの、金メダルって。……人間だから！」（ロンドンオリンピックでは、女子五〇メートル自由形と一〇〇メートル自由形で金メダルを獲得した）

女性初の女子水泳選手団のヘッドコーチ

カリフォルニア大学バークレー校女子水泳チームのヘッドコーチ、テリ・マッキーヴァーは、二〇一二年オリンピック女子水泳選手団のヘッドコーチを務めている。五〇歳にして、彼女は女性として初めてこのポジションに就いた。マッキーヴァーにいくつか質問をしてみた。

「女性であることは、コーチとしての仕事にどのように影響しますか？」

優れたコーチは、無理強いせず、よい指南役になることで、アスリートに自信をもたせます。わたしはパートナーシップに多くの時間を割きます。育てることにもね。でも、ときには「いい加減にギアを入れて！」なんて叫ぶこともありますよ。

「スイミングの秘訣は？」

自分の環境の征服ではありません。地面は強く蹴れば蹴るほど勝利に近づきますが、水は違います。いつも選手たちに言うんです。水を相手に闘ったら、どちらが勝つかしらって。水とは連携する方法を見つけなくてはなりません。

「選手たちをボディサーフィンやパドリングをしに海に連れていくのはなぜですか？」

水のパワーを理解させるためです。水にはエネルギーとリズムがあることに気づかせるため。それをいろいろ経験すれば、多くを得られると思うのです。

女子競泳、ロンドン。1906年

「そうすれば、速く泳げるようになる?」

ええ、わたしはそう思いますけど。でも、誰にも言わないで!

「イルカといっしょに泳がせたり、ペンギンやクジラを観察させる理由は?」

ただ観ているだけでも学べるからです。イルカについては、「彼らになりきって、同じように感じられるかどうかやってみて。彼らのまわりにはまったく泡が立っていないでしょう。まねをして」って教えます。

「スイミングで気に入っていることは?」

日の出に誰よりも先にプールに入って、手つかずの水面を破ること。すると、底に自分の影が見えるんです。

わたしの出会う精鋭スイマーの多くがそうだが、ラノミ・クロモヴィジョジョもまた、地上トレーニングの骨のきしむような衝撃は避けている。水泳選手はまず走らないし、バスケットボールやテニスもしない。

その理由の一つは筋肉のタイプの違いにある。水中に適した長く引き伸ばされた筋繊維は陸上ではうまく機能しないのだ。もう一つの理由は彼らのくたくたにやわらかい手首と足首にある。そういった柔軟性はラケットをあやつるには向いていないし、トラックを駆ければ怪我をしかねない。オリンピックで三つの金メダルを獲得し、NBCでの解説で競泳についてのわたしたちの理解を広げてくれた愛想のいいローディ・ゲインズは、泳いでいないときの自分はぶざまだと認める。「地上ではでくの棒です。高校時代は五つのスポーツに挑戦しました。サッカー、バスケットボール、野球、テニスにゴルフ。どれも、ものにならなかった。〈ザ・スーパースターズ〉を観てくださいよ」。アスリートに自分の種目以外で競わせるテレビ番組のことだ。「スイマーは必ずダントツのビリだ。わたしがそうだった」

ゲインズは今も毎日のように泳ぐ。「フロリダで生まれ育ったので、水に取り囲まれて大きくなったのです。歩き出す前に泳いでいましたね。水の中にいる感覚が好きなんです」

水泳は古代オリンピックには含まれていなかったが、一八九六年のアテネ大会に登場して以来、近代オリンピックの主要種目であり続けている。一九世紀半ばには、イギリス人の優勝選手たちは、定期的に新聞の三行広告で対戦相手を募集していた。それは大金の賭けが行われる大人の娯楽になった――「水泳は二の次の、ゆゆしき流行だ」と、ある筋は報道した――ので、その廃止は、やがてアマチュア水泳界が形成されたときに、最初の業務命令の一つになった。

ところで、〝速い〟とは、いったいどのくらいのことをいうのだろう？

過去三〇年間に、一般的に世界最速スイマーを決めるレースとされている五〇メートル自由形のタイムを、男子はほぼ二秒、女子は二秒以上縮めた。水泳の世界では、これはとてつもなく大きい。ちなみに、マーク・スピッツが一九七二年のオリンピックで金メダルの一つを獲得した一〇〇メー

テムズ川でのレース。ロンドン、1874年

トルバタフライのタイムは五四秒二七だった。今日の記録は四九秒八二である。オリンピック選手（のちに銀幕でターザンを演じた）のジョニー・ワイズミュラーが、一九二二年に一〇〇メートル自由形で一分の壁を破ったとき（同じくアメリカ人のデューク・カハナモクが保持していた世界記録を更新）、世界中でトップ記事になった。そのときのタイムは五八秒六だった。今日の世界記録は四六秒九一だ。まだまだ続けられる。そして、タイムを縮める終わりなき競争のなかで、選手たちが将来にわたって続けていくだろう。

「自分の体を最大限、速く進めることができるって、すごく気分がいい」。ナザン・エイドリアンは一週間後に二三歳の誕生日を迎える。すでにオリンピックで金メダルを獲得している。より重いウェイトを挙げたり回数を増やしたりすると、幸福ホルモンの一種であるエンドルフィンが「どっと出るんだ。だからやるんだよ」と言う。水泳に対する彼の愛は、結局、少しでも速く泳ぐことにつきるのかと聞くと、彼のハンサムな顔に大きな笑みが広がった。「ああ！　もちろん！　他に何があるって言うんだい？」

　では、なぜ速く泳ぎたいのか？　カリフォルニア大学バークレー校医学部進学過程を卒業したナザンは茶目っ気たっぷりに一瞬沈黙し、「わからない。それって、進化論的な質問かな？」。そして続ける。「ただ、世界の他の選手たち全員に対して自分を試しているんだと思う。ぼくたちみんな、たとえばマイケル（フェルプス）もライアン（ロクテ）もぼくも、自由形を違ったふうに泳ぐからね。自分のレース戦略、自分の身体、準備や生理機能を、彼らのと比較してテストしてるんだ。それって、エキサイティングだよ。小さな子供を見てごらんよ。いつだって競争している。ぼくたちはただ、テクノロジーを後ろ盾にした大きな子供なんだよ！」

　確かに過去数世紀間にでたらめに進化してきたストロークは今、計算された科学により磨きをかけられている。そして、車に翼を付け、ロケットを月に飛ばすことに取りつかれた現代世界は、必然的に同じ空気力学の研究を人間魚雷《スイマー》にも適用した。インディアナ大学のカンシルマンは、初期の水中映像を使ってスイマーの動きを分析し、ばか力ではなくストロークのメカニズムが速度を改良すると指摘した。他の研究は、タイムを一〇〇〇分の一秒縮めるために、スイマーの身体の毛穴から何からすべての部分を計測する装置やテストの激増をもたらした。ストロークの効率をテストするためには、スイマーが巨大な人工水路や急流に落とされ、四肢に装着したダイオードが腕の軌道を記録した。スターティングブロックからのダイブやグラブスタートに加え、指と指の間隔を正確に計測して、どれがいちばん多く水をかくことができるか比較された。後者の背景にあるのは〝境界層〟の科学と呼ばれ、メッシュのハエたたきにたとえられる手の働きと、効率よい固い櫂の働きの差を縮めている。最も効率が上がるのは、指の間隔が正確に六ミリのときである。残念ながら、あまりに狭くて、それを維持するのは至難の業だ。したがって、わたしが知っているスイマーのほとんどが、掌はほぼ平らにし、指はほぼ閉じ、親指だけ離している。掌を椀のように丸くしてはいけない。

科学が重視された結果、今日のスイマーは流体力学の専門用語に詳しくなった。多くが推進させるパワーとなる揚力や推力、そして敵となる抗力――ブレーキをかける摩擦――について堂々と自信をもって語る。選手は抗力を避けるためにあらゆる手を尽くす。ひげを剃《そ》り、頭髪をそぎ、細身の水着を選ぶ。抗力が金と銀のメダルを分ける可能性がある。実際、抗力（drag）は邪魔物（drag）になりかねない。それについて学ぶことが、わたしたちのストロークを変えてきた。

一九六〇年代の末、自由形泳者はカンシルマンによる抗力についての研究結果に納得し、いわゆるS字ストローク（S字プル）を使い始めた。前方の腕を後方に引き、腰を過ぎてリカバリーに向かう前に、いったん体のほうに寄せる。これはベルヌーイの法則と呼ばれる力学的効果に基づいていて、これが効果的なのは、揚力をベースとした推進力（体に対し垂直方向に水を押す）は抗力をベースとした推進力（平行に水を押す）より効率がよいからだとされている。典型的な例はボートだ。漕げば抗力が生じ、プロペラが回れば揚力が生じる。どちらがボートを目的地に速く運んでくれるだろうか？　揚力を支持し、まっすぐ後ろに深くかくより、S字型のストロークを選ぶコーチの数が優勢になった。しかし、それは当時の話だ。およそ一世代後の今、考え方は変わっている。

「計算モデル化のいいところは、そういったことを実際にテストできることです」とジョンズ・ホプキンス大学機械工学科のラジャ・ミッタル博士は説明する。「そこで、わたしたちは何人かのオリンピック選手が両方のストロークで泳いでいる水中ビデオを入手し、二つを模擬競争させてみました」

　そのシンプルな言葉の背後には、体のまわりの水の流れ方に関する分析力に基づいた何時間もの根気のいる研究がある。ミッタル博士とそのチームは、映画〈シュレック〉を創り出したコンピューター・プログラムを使って研究をCG化した。その結果、判明したことは、ファンタジーではなかった。

「ディープキャッチ（抗力ベースのストローク）が圧倒的に勝っていました。それで、わたし自身も試してみました。確かに、そちらが効率がいいと感じる」

　リクリエーション目的でラップスイムをしながら、自分の引き起こしている抗力について考察し楽しむというミッタル博士は、その話にもう一つ、意外な展開を付け加えた。

「ディープキャッチさえもが、実際、揚力からかなりの推進力を作り出しているのです。ですから、ある意味、セオリーの半分は正しい。ストロークを終える直前の腕には、いくらか水平方向への動きがある。この結果はスイミング雑誌に送ろうと思っています」

　ミッタル博士の名を初めて水泳界に知らしめたのは、米国水泳連盟から補助金を得た、アメリカのオリンピック選手によるドルフィンキックの使い方についての分析研究だった。その研究は、現代の競泳に多大な力学的影響を与えた。今、彼は魚を研究し、魚が泳いでいるときにどんな音を出しているか、それを人間の泳ぎの効率にいかに関連づけられるかを研究している。彼はまた、魚があれほどまでに効率よく泳ぐには、どのように胸ビレを使っているかを知りたがっている。魚のヒレは蝶の羽とどんなところが似ているか？　なぜイルカは水中で六〇パーセントの効率で動けるのに、人間はたったの一一～一二パーセントなのか？「イルカの効率のよさは、あの美しい流線形の体形によるところが大きい」彼は説明する。「わたしたちがイルカの体形になるような水着を着たら、彼らの効率のかなりの部分を取り返せますよ」

彼はまた、どうしてイルカのスピードが力学の法則に合致しないのかを不思議がっている。「彼らが泳いでいるときのパワーは、彼らの筋力をはるかに超えているようだ」。黙想は事実に変わる。「魚の多くとクジラ目《もく》、なかでもイルカは、毛穴からある種の粘液を出しています。薄い粘液層です」。それを彼は高分子抗力減少と呼んでいる。これは非常に有効なので、海軍とDARPA（国防総省国防高等研究事業局）の両方が何百万ドルもかけて、海上船舶への応用の道を探っているとか。コーチたちがこれを耳にしたら大変だ。

プール自体からもタイムは縮められる。深いほど速く泳げる。縁の溝は深いほど、水の撥《は》ね返りが少ない。レーンの幅は広いほど水は静かだ。静かなのはいい。いちばん速い選手には中央のレーンが与えられるが、それは他の選手の引き起こす波の影響を受けにくく、有利だからだ。

そして、レーンを分けるあのコースロープも、ただのカラフルなロープではない。あれはプールが泡だらけのウォーターパークになるのを防ぐ、科学的に設計された消波ロープなのだ。わたしたちの地元のＹＭＣＡや学校のプールで見かけるコースロープの特許は、たいていアドルフ・キーフ

テムズ川でのレース。ロンドン、1908年

アーにより保持されている。彼は不屈のオリンピック水泳選手で（一九三六年ベルリン大会の金メダリスト）、水泳用品業界の大立者でもあり（イリノイ州で彼が設立した会社は国内の水泳用品の大半を供給している）、九〇代になった今も毎日泳いでいる。

こういった工夫のすべてが選手を速くし、大会をよりエキサイティングにし、新しい記録を引き出す。これは主催者側の希望だが、より多くの観客を動員もする。とは言っても、観客を引きつけるのはけっして容易ではない。なぜなら、水泳競技は本質的に目で追うのが難しいからだ。見えるのはただ頭と腕とキックの上げる水しぶきだけ。水中カメラや、指先がゴールにタッチしたときの瞬間映像は助けにはなるが、レース途中の選手の顔のクローズアップを見ることはかなわないし、ゴーグルの奥に隠れた彼らの心理はけっしてわからない。

だからこそ、偉大な故ルーン・アーレッジの伝統を受け継ぎ、テレビ番組では、選手の物語を中心に、スイムキャップの頭のなかで何が起きているのかに視聴者の関心を引きつける番組作りが最良なのだ。また、あまりに多くのスポーツが限られた観客の関心を奪い合っている状況では、チームとしての勝利も有利に働く。

「水泳をゴールデンタイムの目玉にするのが、わたしの目標でした」。

過去二〇年、NBCでオリンピック報道の革新的な制作責任者を務め、現在は二〇一二年ロンドンオリンピックのコンサルタント職にあるディック・エヴァゾルは語る。「水泳なら、アメリカ人から勝者が出せます」。彼は水泳を管理奨励し、優勝できる選手の発掘と育成に力を入れる米国水泳連盟を全面的に支持している。「アメリカのオリンピックスポーツの草の根組織のなかでは、間違いなくベストです」。結果、「そうして出てきたスイマーたちは当てにできる」

なかでもオリンピックレベルに達した者たちは、他を大きく引き離している。「何のスポーツであれ、オリンピック選手は突然変異体です」とは、畏怖の念に打たれたあるコーチの言葉だ。「彼らは（統計分布の）釣鐘曲線の端っこにくる人たちです。完璧な体形と、完璧な生理機能と、完璧な精神を合わせもっている。〈英国王のスピーチ〉を観ましたか？　どこかの場面で、コーチが王に〝大事なのは技巧じゃない〟と言ったでしょう？　そう、あるところまで来ると、もはや技巧ではなくなる。その何かがオリンピック選手の勝敗を分ける。強い精神力があるか？　あの大舞台で決定的な瞬間に力が出せるか？」

彼らはそれをネックアップ（首から上）と呼ぶ。なぜなら、多くの勝敗が頭のなかで決まるからだ。したがって、レース直前の作戦は平静さを失わせる可能性がある。

「控室でみんなに、わたし、フライイングをするわって言ったのよ」。ドナ・デ・ヴァロナは告白する。彼女は十代の選手としての目覚ましいキャリアを、見事、一九六四年オリンピックの二つの金メダルで締めくくった。「そして、ほんとうにしたの」

かつては二回までフライイング（号砲前のスタート）が許されていたことを、彼女は思い出させた。そして、彼女はそのルールを最大限利用した。「体を濡らしたかったのよ。そのほうが水に近く感じられるし、息も楽にできるから」。それが「とても自己中心的なこと」であったとも認めている。どんなことであれ、通常と違う何かは微妙に調整された選手たちの心を乱し、集中力を揺るがす。今日、フライイングをすれば一発で失格となる。デ・ヴァロナはフライイングなしでも勝利しただろう。「結局はスピードだから」と、記憶に顔をゆがめながら彼女は語った。「選手はF1のレーシングカーよ。競泳はあらゆる点で、痛みの限界をどこまで遠くに追いやることができるかの勝負なの」

人によっては、それは人生を変えてしまう。一九九二年のオリンピックで金メダル二個と銅メダル一個を獲得したメル・スチュワートは、現在、スイミングの振興家でブロガーでもある。だが、彼はオリンピックでの勝利のあと、一〇年間、泳ぐことをやめた。「あまりに大きなプレッシャーと、あまりに多くの涙。ついにやったときには、喜びはなかった――ホッとしただけだった。それからの一〇年間は、たぶん年に三時間くらいしか泳いでないね」

〈ニューヨークタイムズ〉のスポーツ記者カレン・クルースは自身も元水泳選手であり、水中のキャリアの精神的代償を理解している。

「スイマーというものは、最も精神的に安定した、バランスのいい正常な人間だろうと思って大学に入学しました。ところが、目にしたのはあまりに多くのパーソナリティ障害でした。勝つことが普通のことではないということを理解するには、わたしの人生経験は足りなかったのね。でも今、大人になって、来る日も来る日もアスリートたちを取材していると、トップレベルのアスリートでバランスの取れた人間だといえる人には、ほんとうにめったに出会えない。たいてい彼らの人生には何か欠けたものがあって、スポーツの功績でそれを埋めようとしている。以前、わたしは、自分が目指していたようなスイマーになれなかったことを、とても悔いていました。でも今は、ただわたしには、勝つには十分な障害がなかったのだと考えています」

オリンピックの栄光の年月と、水泳のない世界に浮上する現実との不調和は、ロンドンの廃墟となったプールで上演されて好評を得た戯曲〈両生類〉に、鮮烈にドラマ化されている。制作および監督はクレシダ・ブラウン。過去と現在のアスリートたちとのインタビューがそのベースとなっている。プールは空っぽだが、水着とスイムキャップを着けた体のやわらかい役者たちが、怯えた小魚のチームさながら、バーチャルな水の中で身をよじる。

「第六レーンがわたしの名前」。十代を一生分の練習でつぶしたあげくに人間性をはぎ取られた一人が、声高に言う。

「あなたは一着、二着、三着、でなければクズ」と別の一人。

「あるのはただタイムと水、レースとフィニッシュ、黒いラインだけ」

前出のオリンピック選手、カレン・ジョーンズにとっては、このドラマこそが彼の人生だ。多くの短距離スイマー同様、彼も五〇メートル自由形の二一秒間、ずっと息を止めている。きっと、読者はこう思うはずだ。二一秒くらい、自分だって止めていられる、簡単だって。ほんとうにそう？ クォーターバックが五〇ヤードラインから走るのと同じ距離を、腹這いの姿勢で進もうとしながらでも？

「ものすごく快適な状態から、あっという間に、ものすごく苦しい状態になるんです」とジョーンズ。「バスに乗り遅れそうになって走って追いかけたときの、息が切れて、へろへろになって、胸が詰まるようなあの感じ、わかるでしょう？　あれと、折り合いをつけなくちゃならない。ぼくのレースは二一秒です。始まって五秒もしないうちに、もう痛い。それでも、やり続けていると、真ん中あたりでは爆発寸前だ。〝あそこまで行かなくては、行かなくては〟と自分に言い続ける」

　痛みは肺に集中しているのかと訊いてみた。

「全部。全部ですよ。脚は激しくキックするがあまり焼けつくようだし、腕だって同じ。腕は特に水をかくときに疲れます。文字どおり、水中で無理やり体を前進させながら、水を後ろに投げ返す感じです」。思い出して、かぶりを振る。

「楽しみのために泳ぐことは？」

「今はないですね。ぼくたちの誰にもないと思う」。微笑が戻ってくる。「毎日、四時間から六時間、プールのなかにいます。加えてウェイトトレーニングです。ときどき、土曜に数時間寝るとするでしょう。すると友達がやって来て、〝おい、プールで会おうぜ〟なんて言うことがある。そんなときは〝いや、乾いたままでいるよ。これから二四時間、乾いたままでいたいんだ〟って言ってやります」

　キュラソー島での最初の練習のために縦五〇メートルの長方形プールに初めて入った朝、なぜそれがインフィニティ（無限）プールと呼ばれているのかがわかった。かろうじて見える反対側の端

カリブ海のインフィニティ・プール

は、別の惑星にでもあるかのように遠い。オリンピック選手はこの距離を二五ストローク（左一、右二、左三、右四……と数える）程度で泳ぎきる。わたしは、その三倍ですめばいいほうだ。

ここは、わたしのグループにとってはすっかり馴染みの場所になった、「ライオンズ・ダイブ・アンド・リゾート」という、ウォータースポーツを売りとする気取りのないホテルの「ドゥグ・スターン・プール」だ。この冒険的な事業は、ドゥグ・スターンというニューヨーク出身の才能豊かなコーチが数十年前にスタートした。皆の話では、スターンは生まれながらの教師であると同時に、やる気を起こさせるリーダーであり、誰をもより優れたスイマーかつ、よりよい人間に変えられる人物でもあった。トライアスロンがブームになったおかげで、第三の種目を学びたい、またはマスターしたいと熱望する才能あるランナーやサイクリストが彼のもとに押し寄せた。この生徒たちは彼のカリスマ性に引かれ、来る年も来る年もここに戻ってきた。スターンは二〇〇七年に亡くなったが、今は彼の教え子の多くが二人のインストラクターに少数の新参者を加えて、彼の名を冠するプールで、冬の伝統を継続している。

トレーニングはまずピラミッドと呼ばれる練習から始まった。セット練習を五〇メートル、一〇〇メートルと増やしていき、二〇〇メートルまで来ると今度は順に減らしていく。プルを改良するための片腕での訓練、続いて脚ならしのためにキックボードを使って長距離を泳ぐ。持久力を付けるためには、まずワンストロークごとに息継ぎをし、次はスリーストロークごと、次はもっと長く……、この訓練のこの部分を、わたしはまだうまくやれない。地上ではまったく意識することなく――つまるところ、長年自然にやって来たことなのだから――、また、水中でもほとんど考えるこ

水中呼吸法。1624年

となく呼吸をしていたようだ。だが、上達したければ考えなくてはならないのだ。

「スイミングは、いつ呼吸するかに積極的に意識を集中しなくてはならない唯一のスポーツです。そうしないと、うまくいかなくなる」とは、米国水泳連盟でコーチ長を務めるスコット・ベイの言葉だ。

数カ月後に電話で話したときに彼が言っていたが、問題はわたしたちが「まだほんの子供のときに、息を大きく吸って、止めて、それから水に入るように言われたときに」始まった。わたしたちは一生、それを守り続けがちなのだそうだ。その結果が上達の大きな障害になりかねない。「もし、たったの〇・五秒間息を止めたら――」とベイは続ける。「たったそれだけの間、息を止めただけで、体の中心部のすべての筋肉、特に横隔膜の筋肉を収縮させてしまう。そして、筋肉は収縮するたびに、いくらかの酸素を燃焼する。したがって、中心部の筋肉が燃料の酸素を燃やし、血液のなかに酸素を注ぎ込む代わりに、そこから酸素を奪ってしまう」。さらに、泳ぐために酸素を必要としている筋肉からも奪う。「息を止めてはいけません。顔が水に浸かっているときに、ゆっくり吐き出しなさい。できるだけ普通に、リズミカルに呼吸するよう試みて」

普通すぎてもいけない。一度、全米マスターズ水泳協会（ＵＳＭＳ）のクラスで〝肺バスター〟と呼ばれる、持久力をつけるためにプールの端から端まで水中を息継ぎせずに泳ぐ訓練をしていたときに、気づくととてもリラックスして、きれいな淡いブルーのタイルの上を滑るように進んでいて、それが信じられないくらい〝普通〟に感じられたので、一瞬、自分が人間であることを忘れ、水中で息を吸おうとしたことがあった。無論、エラのないわたしは水面に急上昇して空気を求めてあえぐ羽目になった。極端なケースでは、それはシャローウォーター・ブラックアウト（ダイバー用語で、水深の浅いところで起きる失神）と呼ばれ、命取りになりかねない。わたしのケースは、ただ愚かだっただけだが。

キュラソー島に話を戻すと、わたしはまだ楽しんでいるとは言えない。ただ長距離の泳ぎを改良しようとしているのに、なぜ競泳用のスプリントをしているのか、納得がいかないのだ。でも、その理由は、速く泳ぐ方法を学ぶことが、テクニックを微調整するからだった。両方をする必要があるのだ。すると、一日かそこらで、以前より快適に感じ始めた。なおも他のほとんどの人たちには大きく水をあけられているが、数人とは並んだり、彼らの前を泳いだりしている。わたしたちの辛抱強くも不屈のコーチ、ボリス・タランとヴラッド・バールチュオーク——ロシア水泳界のスターだったときからの親友同士——は、わたしの課題をピンポイントで指摘した。手首をもっと下向きにカーブさせ、左脚をもっとやわらかくし、キックでは水面をもう少し割る必要があると。でも、わたしはまだ学習途上だ。それに、そう、ボリスも同意してくれたが、わたしには強力な平泳ぎがある。

同じレーンや隣のレーンの人たちが、ひたすら励ましてくれる。彼らはまた驚くほどいろいろな場所からやって来たバラエティに富んだ人たちだ。カナダ東部から北西海岸までのさまざまな場所、ミシガン、メリーランド、ニューヨークのブルックリン、男、女、友達と参加した人、一人で来た人、年齢も三〇代から七〇代後半まで様々だ。プロスイマーの体形をしている人はほんの一握り。獣医、広告会社役員、政府の管理職、彫刻家、リタイヤした教師が二人。誰もが泳ぎは堪能で、水泳に愛着はあるものの、常にそれを無条件に愛しているわけではない。

「スイミングは体にこたえるわ。それに、ものすごく練習しなくちゃならないでしょ」。ほっそりした体つきのエネルギッシュな四四歳の元体操選手で、水泳は二〇〇一年に始めたばかりだというイレーネ・ポーリー＝ケネディが告白する。とは言うものの、彼女は練習を楽しみ、高校と年齢別の水泳教室で教え、その強いストロークでミシガン湖でのロング・ディスタンス（オープン・ウォーター・スイミングで一〇キロ以下のもの）の競技会に参加している。いっしょに来ているのは夫のアンディだ。一八七センチの長身で筋骨隆々、パワフルな自由形で凶暴なキックを見せる。ある夜のディナーでのこと、その日の午後の外洋スイムでは、わたしはキックを補強するフィンを着けていたにもかかわらず波とうねりのせいであっぷあっぷして苦しんだのだが、イレーネとアンディは、波とストロークのタイミングを合わせる楽しさについてふざけ合っていた。そんなふうに思いどおりにできたら、どんなにいいだろう。

ここにいるスイマーの多くにとって、水泳はスポーツというよりは自己鍛錬、練習というよりは生き方だ。

自転車競技の優勝経験者でトライアスロン選手のエックス線技師マロニー・キニソンは小さいころから泳いでいる。「スイミングは人生のようなもの」と話す。「毎日、違うの。水が自分のものだと感じる日もある。自分のためにあるっていうか。かと思えば、まるで泥の中で泳いでいるような気がする日もあるわ」。それは水のせい？　それともあなた自身のせい？　わたしは質問した。「わたしよ！」彼女は答えた。「スイミングは自分自身や自分の人生をどう見るかなの。ただ、見方にすぎない。すごく調子がよくて、その日にレースがあればいいのにと思うこともあるわ」

「空気と違って——」彼女は続ける。「水中では完全に媒体に取り囲まれていると感じる。特にうまくいっているときがそう。そんなときは、ただ滑るように泳いで、〝わっ、これ、これよ！〟って言ってるわ」

彼女の意見では、スイミングを他のスポーツと分けているのは呼吸だ。

「呼吸について考えだしたらはまるわよ。なぜなら、その必要があるから。生か死かの問題だから。走っているときには特に何も考えなくても走れる。でも、呼吸をコントロールせずには泳げない。それは生命に絶対不可欠なもの」

人によっては、心の平穏のために水泳が絶対不可欠だ。ノースカロライナ州からやって来たサラ・ワイデンハウスは、子供のころロードアイランド州の冷たい海で泳ぎを覚えたあと、南の山岳地帯に引っ越したので、いったんは泳ぐことをあきらめた。だが、息子が二歳になったときにラップスイムを再開すると、「すごい！　プールのなかってなんて静かなの。まるで長い一時休止のよう！」と発見した。そして、最近の、非常に稀《まれ》な型の虫垂がんの闘病期間にも、水泳は救いになった。「抗がん剤治療をしていたとき、スイミングが点滴につながれている時間の埋め合わせをしてくれたの。それはまるでご褒美のようだった。わたしを頑張らせてくれる夢の時間だったわ。泳いでいる間は病気に勝ちつつあると感じることができた」

横断泳を終えたあとで話したときには、よりいっそう感謝の気持ちを表していた。「素晴らしいプレゼントだったわ。患者だという意識を捨てて、とても自分にできるなんて思ってもいなかったことをやり遂げたのよ。スイミングは、ほんとうに自分の望む人生を生きているって感じさせてくれる。わたしがやっているアクティビティのなかで最もやりがいがあり、身体的にも、感情的にも、精神的にも、助けてくれる」

何ものも彼らを止められない。ニューヨークのケーブルテレビ局の元役員、ジュディ・レイバートは、一度ハドソン川を泳いでいたときに流れのせいで上陸地点からそれ、気づくとウォール街に向かいそうになっていた。広告会社のマネージャーとして、やはり大勢の手強い部下たちを活力と効率のよさでまとめているケイト・ペンネルは、マルタ島を目指して泳いでいたときに透明な丸いクラゲに遭遇し、数カ月も痕の残る傷を負った。

前出のマロニーの夫で元サーファーのレイ・プロテシアは、アナポリスのセヴァーン川で初めてトライアスロンのスイミングをしたとき、恐怖に震え上がったそうだ。「ピストルが鳴る。すると、何百人もの人がのた打ち回っていた。まるでピラニアに囲まれているかのようだ。水に顔を浸けることができなかった。この岸まで戻って来られるだろうか？ 半マイル行って半マイル戻る距離がとてつもなく長く思えた。でも、まず平泳ぎをし、それからゆっくりクロールに入っていき、なんとか泳ぎ切った。そのとき、何だって、やればできるってことがわかったんだ」

以来、彼はアイアンマン・ハワイ（競技内容の過酷さから、鉄人レースと呼ばれるトライアスロン）を五回、完遂した。

このスイミングキャンプの仲間には、才能ある作家で神経科医のオリヴァー・サックスもいる。わたしたちのグループにとって、彼は〝スイマーのなかのスイマー〟だ。かつては重量挙げの西海岸チャンピオンで、七七歳になった今も、肉体的には衰えようとも、彼が世界一愛するスポーツに対する情熱は少しも衰えない。子供のころから、自身の表現によると「ウォーターベイビー」だったという彼は、「水泳の本質的な健全さ」について雄弁に語り、著し、「これほどまでにパワフルで健康的な強壮多幸薬をわたしは知らない」と述べている。キュラソー島では、オリヴァーは彼の意に反して弱々しいが、それでもすべての訓練と外洋スイムに参加している。そして、水に滑り込むなり、事実、断然強くなる。

ある午後、ひとけのない入り江でめずらしく自由遊泳のシュノーケリングをしていたとき、彼はわたしに言った。「人生を水の中で過ごせたらいいのにと思うんだ。水中のほうがうんと自信をもっていられる」

のちに、砂浜で彼のまわりに集まった人たちに、著書の一冊から一節を朗読――誰をも魅了する毎年の恒例行事――したあとで、彼は自身の最新の大目標について語った。

「ストロークの長さを伸ばすこと。そしてバイラテラル・ブリージング（左右交互に息継ぎすること）。これは最初の一年間はすごく不自然に感じられたけど、今では自然にできます。一年です」レッスンを受ける期間が？「ヒトの脳の可塑《かそ》性が要求する時間です。老犬にだって新しい芸を仕込めるのですよ。人間は死ぬまで学び続けます」

翌日、家に帰るためキュラソー島を発つばかりになったとき、そのことについて考えた。腕が痛く、肩が張っている。スイミングで体が痛くなったのは初めてだ。ということは、すごく正しいことをしているか、ひどく間違ったことをしているかのどちらかだ。前者だと考えたい。肉体を強いて、このスポーツのより激しい形を探求させることで、自分自身について新たな発見をしているのだと。

インディアナ大学で水泳を研究しているある教授が言っていたが、彼はUSMSの厳しい練習が好きだ。「仲間との交流のおかげで頑張ることができるからです。休み時間には同じレーンの人たちと友達になり、そこでの経験がずっといいものになる。わたしは――」彼は言った。「わたしのレーンにいられてハッピーです」

わたしはハッピーでない。自分より速いスイマーにイライラさせられるし、追い越されると気持ちがくじけると告白した。「親業と同じだね」彼は言った。

ほら、やはりここでも、スイミングは人生。どちらも完全に理解することはできない。でも、オリヴァーが言うように、いつでも学ぶことはできる。

液状のシルク

通信社に所属する健康関連コラムニストのジュディ・フォーマンは、五九歳で初めてフリップターン（クイックターン）をし、アリゾナ州メーサで開催された〈全米マスターズ水泳協会（USMS）二〇一一年全国大会〉で、六七歳にして五〇メートル背泳で六位になった。一〇年ちょっと前には、競泳など、とても考えられなかったそうだ。

「〈ボストン・グローブ〉紙を辞めたばかりで、仲間のいる生活が恋しくて」と振り返る。「それでUSMSに入り、週に三日、正午に泳ぎ始めたの。一年くらいは勇気がいりました。とにかく厳しくて。シュノーケルとフィンを着けてスローレーンを泳ぐんだから……今もスローレーンだけど。この練習はいったいいつ終わるの？　なんて、考えてたわ。それが今では、体を使う何かで上達できるものがあることが、うれしくてたまらないんです」

彼女にとって水は「液状のシルク」だと言う。

スイミングは「歳を取ることに価値を見出してもらえる唯一の場所」だとも。

全国大会では、彼女はレース自体と同じくらい観客に元気をもらったそうだ。大会が終了したとき、「すべての人が、一八〇〇人全員がですよ、出場種目を泳ぎきった九〇歳の男性に立ち上がって声援を送ったのです！」

6　流れのままに

少なくともゴーグルを通したカエルの視野に入る海には、まだ赤いバルーンは見当たらない。時計をチェックすると、すでに四五分がたっている。監視ボートを見つけられなくても、規定時間内にフィニッシュできるのだろうか？

これこそがオープンウォーター・スイミングの難しさだ。マーカーなしでは距離を計れない。ブルーの海原は果てしなく広がっている。水平方向だけじゃない。垂直方向も問題だ。深すぎて海底が見えない。たぶん、水深は九〇メートルほどもあるだろう。わたしをまっすぐに進ませてくれるレーンのラインもない。手を突く壁もない。言うまでもなく、わたしは他の何ものか――それがすごく友好的なものであるという保証はない――とテリトリーを分かち合っている。ほら、たった今も、誰か、または何かがふいに姿を現した。

うえっ！　左手の指がジェロ（クラフト社製のグミ状のゼリーの素）のようなヌルヌルした塊《かたまり》にぶつかった。弾丸の勢いで腕を引っ込め、海中を覗《のぞ》き込む。直径一〇センチほどの透明な凹凸のある円盤型のクラゲ。

ほらっ、向こうも同じくらいわたしを不快に思ったらしい。親切にも大急ぎで逃げてくれた。参加者はみなクラゲのことで頭がいっぱいで、このルートに長い毒針をもつクラゲが現れる可能性については、毎日話し合ってきた。刺された場合のために、監視ボートには傷に効くという酢がたっぷり積んであると聞かされている。わずかな慰めだ。あとでわかったのだが、わたしたちはラッキーだった。この日には紫色の悪質なクラゲはいなくて、ただ、時折わたしの横断泳の道連れになった無色のちっちゃなものだけだった。五、六回、わたしの目は筋状の陽光のなかでチラチラ光るゼリーの小さな塊——群れではなく、グループ——に釘付けになった。直径が少なくとも二五センチはあるでかいやつが、空飛ぶ円盤のように旋回したこともあった。その夢のような光景に、思わず笑みが浮かんだ。それから、わたしはまた泳ぎに集中した。

今回のルートはレアンドロスの取ったルートではない。まず、彼は夜に泳いだが、わたしたちは輝く太陽のもとでしぶきを上げている。さらに、神話上、彼は古代アジアの都市アビドスの自宅からヨーロッパ側のセストスにあるヘロの住む塔までを、直線ルートで、紀元一世紀の地理学者ストラボンによると一・五キロ以下の距離を泳いだことになっている。だが、二つの町ははるか昔に消滅し、海岸線も大幅に浸食されたので、わたしたちは伝説よりも自然条件を考慮した少し異なるルートを取っている。

「ここには二組の海流があります」。ミーティングでコーディネーターのアフメットが、見間違えようのない矢印の付いた巨大な図をスクリーンに投影しながら説明した。「地中海からの温かい水は北に向かって流れますが、黒海から南に流れる冷たい水により押し下げられます」

結果、両岸に沿った細い上向きの流れが、中央部分の幅の広い、はるかに速い下向きの流れをはさんだ形になっている。流れの力が強すぎて、直線距離だとたったの一・五キロ程度なのだが、二地点間を単純にまっすぐ横断するのは不可能だ。代わりに、流れを計算に入れて、ヨーロッパ側のエジェアバトから少し北東へ向かって大きくアーチを描くルートを取り、それから海岸沿いに南東に下り、わたしたちの滞在しているアジア側の静かな港町チャナッカレのゴールを目指す。チャナッカレ観光の目玉は、ブラッド・ピット主演の映画〈トロイ〉で使われた巨大な木馬だ。それはそこで撮影されたわけでもない映画の、おそらく実在でもない作り話の滑稽な遺物だ。チャナッカレは〝ヘレスポントスのハリウッド〟ではない。単にわたしたちが曲がりくねったルートを泳いで自然にたどり着く場所にすぎない。直線距離より四倍も長くなるが、これが唯一の賢明な選択なのだ。

「まっすぐ泳ぐと、フィニッシュできる人はほとんどいないでしょう」。アフメットは繰り返し警告した。「それどころか、海峡の外へ引きずり出されかねません。海流はつい甘く見がちです。でも、もし南下する海流につかまってゴールより南に流されてしまったら、戻るのはほぼ不可能です。だから、そうなった場合は戻ろうとはしないで。ボートに助けてもらうことを受け入れてください」

ひょっとして自分の言っていることが十分伝わっていないかもしれないと思ったのか、彼はこんな不吉な言葉で締めくくった。

「このルートで泳がなくてはなりません。でないと、あなたたちは……（ドラマティックな効果を狙って一呼吸おく）……どこか違う場所に行きつく羽目になる」

何人かはクスクス笑った。わたしはせっせと地図を頭に描いた。

このイベントに申し込んでからというもの、わたしは地図に取りつかれ、繰り返しグーグル・アースにその一帯を引っ張り出して、海峡を横切るように指でなぞった。ニューヨークの自宅に座っていると、そのコースは完全に理にかなっていると思えた。開放水域を泳いで渡ることはエキゾチックで、同時に知的な行為にも感じられた。最終目的地点へのスイミング。今、実際にその真っ只中にいると、それはわたしの指先よりはるかに大きい。でも、わたしはこのセッティング、つまり壁と壁の間を行ったり来たりしているのではなく、ひたすら別の大陸に向かっているという認識を気に入っている。

主催会社スイム・トレックのサイモン・ムーリーはこう言っていた。「要するに、旅の感覚です。やり終えたときに出発した地点が見える。それがオープンウォーター・スイミングの魅力です。プールだと出発したところでフィニッシュしますから」

別にプールが悪いと言っているわけではない。どこで泳ぐのがベストか――この惑星を特徴付ける荒々しいブルーの水か、箱詰めのおとなしく美しいプールか――という継続中の議論では、わたしは機会均等主義に徹している。ヘレスポントスのイベントの前には主にニューヨーク・ロングアイランド東端の海や湾で長距離を泳いでトレーニングを積んだものの、イベント後の体をほぐすためのひと泳ぎは、イスタンブールのフォーシーズンズ・ホテルにあるプールの心休まる温かく透き通った水で行った。青いタイル製のオアシスのようなそのプールは、ボスフォラス海峡のすぐそばに寄り添うように設けられていたので、その伝説的な水路をも泳いで渡っているような気持ちになった。

プールは陽光を受けてきらめく。それは殺風景な中庭を輝かせる。水中で太陽の波状の反射がまっすぐな壁に生命を吹き込むと、プールは筋や光と戯れる。画家デイヴィッド・ホックニーがブルーという色を定義し、プールを題材にした絵画やコラージュの作品群に見事にとらえたように、影とチラチラとしたきらめきのパターンは動き続けて無限の新しいデザインを生み出す。プールはわたしたちのために自然の力をピュアでシンプルな形に閉じ込めてくれる。水が手なずけやすいものになったとき、わたしたちは水に対する見方を変える。それは驚きであり、最も予期せぬ場所にある安全な避難場所だ。

ニューヨーク高架鉄道の跡地の再開発が決まったとき、全軌道を使って、街の上に約一・五キロの長さのブルーの曲がりくねったリボン状のプールをめぐらすという提案もあがった。一本のとてつもなく長いラップだ。

プールの歴史を題材にしているある作家は、ワシントンDCのリンカーン記念館前に広がる「リフレクティングプール（反射池）」の写真に飛び込み台を付け足すという改ざんを行った。すると突然それは単なる装飾を超え、見る者を誘うようになった。飛び込みたくさせるのだ（でも、やめたほうがいい。飛び込むには浅すぎるし、不法行為でもある）。

マンハッタンのイーストサイドにあるヘルスクラブでは巨大なスカイライトの下にプールがある

髪も凍りつく寒さ。ユタの屋外温水プールにて

ので、泳ぎながらビルディングの数を数えることができる。わたしは心のなかでセカンド・アベニューを下っては上がっていく。車ではそんなことはできないだろう。

　ユタ州のディアバレーでは、ステイン・エリクソン・ロッジの摂氏三八度の温水プールの湯気のなかで孫娘たちと体をくっつけ合い、一泳ぎした。ゲレンデで一日を過ごしたあとの筋肉をほぐすには最高だ。スキーヤーがそばを滑っていくのを眺めるのは、現実離れした体験だった。一一歳のサミーが「おばあちゃん《グランマ》、髪の毛が凍ってるわよ！」と言った。

　飛行機からプールが見えると、パラシュートで飛び込みたくなる。それらは都会砂漠にあるターコイズの矩形《くけい》、現代のオアシスだ。立法者はそれにより大きな価値を見出す。二〇一〇年に、ギリシャが初めて深刻な財政危機に陥っていると気づいたとき、サテライト写真に写った郊外の数々のプールは、プールに課せられる税の未納者を発見するのに役立った。

　プールは古代の娯楽でもあった。ローマ帝国に点在

ヘロデ王の「公衆浸水プール」。マサダ要塞

した、水泳に使われることもあった公衆浴場は、やがて放蕩《ほうとう》の場に変わるまでは主要な社交的議論の場だった。ローマでは、作家で哲学者のプリニウスは海の見渡せる温水プールを所有していた。ストア学派らしく禁欲的な信条に沿う生活を営んでいた哲学者のセネカは冷水でのみ水浴し、華麗な大理石を張ったプールしか受け付けない同僚たちの態度を非難した。けれども、当代最大のプール帝国を築いたのは、紀元一世紀の気まぐれな独裁者ヘロデ大王だった。彼の室内屋外両方のタンクプールは、今もイスラエルのマサダ要塞の上から古エルサレムの塁壁方向に見ることができる。この建築的偉業に残された考古学的証拠のすごさは目もくらまんばかりだ。ヘロデ王は現在のヨルダンにあるエリコの宮殿に、長さ二五〇メートルのプールを造らせた。それはセーリングに使用されたかもしれない。人々を溺死させるのに使われたかもしれない。マニアックなヘロデ王はこの建造物と自己を一体視していたらしく、一九七〇年代にブロードウェイでヒットした〈ジーザス・クライスト・スーパースター〉では、ヘロデ王役がキリストに「わたしのプールの上を歩きなさい」と挑む部分がある。この不遜《ふそん》な言葉は、少なくとも歴史的な土地建造物を根拠としていたのだ。

水泳同様、当時、家の中庭や裏庭に造るのが人気だったプールもまた、ローマ帝国の滅亡とともに西欧の歴史から姿を消した。一八世紀になってやっとプールの原型となるタンク（大型貯水槽）が、はしけ船に積まれてゆっくりセーヌ川を下っていった。ドイツ人とアメリカ人がすぐさま、まねをした。ドイツでは、最後には〝mad〟（おかしな）という形容詞で知られるようになったルードウィヒ二世が、おとぎ話に出てくるようなノイシュヴァンシュタイン城にプールを造らせた。その間、イングランドでは穴を掘り始め、一八五〇年代に入るころには、人気急上昇の水泳人口を満足させるに十分の数のプールが出現していた。アメリカでは、屋内プールが大都市に現れ始めた。一八九七年にマサチューセッツ州ブルックリンにオープンした巨大な屋内タンクが、おそらく公共プールの第一号だったとされている。そのタイル壁の図柄にはレアンドロスを称えたモチーフもあった。

カリフォルニアでは、メディア王のウィリアム・ラドルフ・ハーストが現代の城「サンシメオン」に造ったローマ様式のプール（設計は建築家ジュリア・モーガン）が新しい基準を呈した。一九三〇年代には、プールは東海岸の大富豪ヴァンダービルト家やモーガン家の地所から西海岸の映画スターの大邸宅に移っていた。それは贅沢のシンボルであり、名門や金持ちの独占領域であった。一九三七年の映画〈聖林ホテル〉（Hollywood Hotel）のなかで、ディック・パウエルが「ハリウッド？ああ、なんという生活だ！　プールから出たり入ったりしている」と感嘆の声を上げている。

リベラーチェとフランク・シナトラはともにピアノ形の、ジェーン・マンスフィールドはハート形のプールで泳いだ。ジョーン・フォンテインは真ん中に島を造り、メアリー・ピックフォードとダグラス・フェアバンクスのプールはカ

女子専用の日。ニューヨークのプール、1882年

リベラーチェとピアノ型プール

ヌーを浮かべられる大きさだった。

成型がより簡単なガナイト（セメントガンで施工面に吹き付けるモルタルの一種）が使えるようになると、プールは自由な形を取るようになり、大流行となる腎臓型プールの出現をもたらした。フロリダのある歯科医師は臼歯《きゅうし》の、海産物の卸売り業者はワタリガニの形をしたプールを造った。一九七〇年代にはラップスイム用プールが発明され、長方形が復活した。依然としてカリフォルニアがプールの中心地ではあったものの、五〇年代末に起きたアメリカの郊外化現象により、突然、それは一般人の手にも届くものになった。一九四八年には全国で二五〇〇だった自家用プールの総数が、一九五七年には五七〇〇〇に膨れ上がっていた。しかし、それもほんの始まりにすぎなかった。

今日、一千万人を超えるアメリカ人が、自家用プールを単なる水泳をはるかに超える目的に使用している。

「昨今の傾向といえば、何といっても、人々がプール以上のものを欲していることですね」。サラソータに本社を置くフロリダの建築業者ダン・ジョンソンは語る。「この事業を始めたときは、九×四・五メートルの腎臓型プールさえ造れば、みんな大喜びでした。今では、噴水や滝など、水を使ったデザイン《ウォーターフィーチャー》のないプールはないと言ってもいいくらいだ。誰もが水の流れるところを見たがり、流れる音を聞きたがっている。水にダンスして、夜には色が変わってほしいのです」

彼が手がけているウォーターフィーチャーのなかでも最も人気の高いものの一つがレインカーテンだそうだ。「層流噴流という先端技術が完璧な流れを作るのでネオン管のように見えます。それに、実際、雨の音も作り出せますよ。人々はもともと水に入ってバシャバシャするだけで大満足だったのに、今では体が濡れるだけじゃ満足できなくなったのです」

今日、人々は自宅のプールで実際に泳いでいるのかと訊いてみた。

「大多数が泳いではいません」との答えが返ってきた。そんな質問自体に驚いている様子だ。「二〇パーセントも泳いでないでしょうね。これには給料を賭けてもいいくらいだ」。だったら、何をしているのだろう？「プールのなかにベンチをいっぱい作ります。リビングルームのようにね。サイドにはテーブルも取り付けます。反対側にはバー用のスツールだ。みんな、座ってカクテルを飲み、何か食べてプールから出る。または、テラスにアウトドア用テレビを据えつけ、フットボールシーズンには男たちは仲間全員で集まります。プールはまさしく家庭での娯楽の中心になったのです」

プールのなかはもう一つのリビングルーム

　世界中の最高級プールの施工者をつなぐヴァージニア州リッチモンドを本拠地とするマスターズ・プールルズ・ギルドのディック・コヴァートによると、その傾向は九・一一の同時多発テロ後に、多くの人々が、「旅行は安全じゃない。あわただしいし、不便だ。だったら自宅に自分たちだけの心地よい環境を作ろうじゃないか」と言い出したときに始まった。そして、彼らは裏庭をアウトドアキッチンや、滝や、その他さまざまな設備の完備したミニリゾートに変えた。「アウトドアはごく普通のライフスタイルになり、プールエリアは彼らの家のもう一つの部屋になったのです」

　彼はオクラホマ・シティのある家を例に挙げた。「自宅のプールエリアに、浮き輪に乗ってゆっくり数百メートルを浮かんで流れていくことができる、リゾートにあるような川を作ったのです。オクラホマには土地があり余ってますからね！　さらにアウトドアキッチンのほとんどが、煮炊きやグリルなど、

最先端キッチン、暖炉、ブランコ、滝を完備したプール。「家族での時間の過ごし方が変わりました」と４人の子持ちオーナーは語る。ノースカロライナ州アッシュビルにて

料理のすべてが完全に外でできるタイプです。たいていはテレビを設置したくつろげるスペースもあり、みんなの生活の場になっています」

コヴァートによると、彼の顧客は泳いでもいる。

「彼らはラップスイム用に二五メートルプールを欲しがります。わたしたちの使う業者のなかには、プール用の水中自転車とトレッドミルを扱って大儲けしている者もいますよ」

彼はまた、仕事上、変わったデザインのプールにもお目にかかっている――特にナッシュビルでは。

「真ん中に島のあるレコード形のプールも見ました。それから、ピアノ形も。スタートレックのエンタープライズ号のようなのも」

もう一つの流行は、やはり彼によると、まわりに自然に溶け込む感じのナチュラルプールだそうだ。

「わたしたちがゼロエントリーとかビーチエントリーと呼んでいる、歩いて自然に入っていけるプールも人気があります。ちょうどビーチから入っていく

ときのようにね。イリノイには、雪景色のように見えるプールもありますよ。冬の美しい池のように見えますが、凍ってはいません。温水ですから」

コヴァートは、プールは一種の逃避だと信じている。「人々はプールを自分たちの住む忙しい世界から完全に隔離された空間ととらえています。裏庭に出ると、そこは突然水の流れる静謐《せいひつ》な世界で、噴水の音が聞こえる。するとリラックスし始める。一日中、仕事で電話やコンピューターに縛られたあとで、プールには鎮静作用があるのです」。彼はかつてライフガードで、今も水を楽しみ、海よりプールを好む。「あの塩分がいやなんですよ。海の生物もいやだ。海ではもがかなくてはならない。プールだとただ浮いていられるでしょう！」

一方、プールでのスイミングは、ぐるぐる回るだけでどこにも到着しない回遊旅行だと言う人もいる。ある競泳選手を題材にした小説の語り手はこう言っている。

「自分の残した波紋の上を戻っていくとき、いつも反対側から泳いでくる自分自身と衝突するのではないかとの恐怖に駆られる。必要な長さに広げたり縮めたりできるプールか、もしくは、らせん状にくるくる回って最後に中心にたどり着く巨大な円形プールを造るべきだったのだ」

「プールは嫌いです」それがスイムツアー専門旅行社スイム・トレックの代表サイモン・ムーリーの本音だ。「屋内プールでは、毎日がまったく同じ。マクドナルドみたいなもんです。どこへ行こうが同じメニュー。でも、地元のカフェに行ってごらんなさい。毎回、違う食事にありつける。それがオープンウォーター・スイミングの素晴らしさなんです。毎日、違うってことが」

アネット・ケラーマンはもっと率直だ。「わたしにとって、屋根の下のスイミングは、動物園で

天候から身を守るため体に何かを塗りたくってドーバー海峡に入るエダールのサイン入り絵葉書。サインは“Sincerly yours”（敬具）の代わりに“Swimmingly Yours, Trudy Ederle”となっている

大型動物のハンティングをするようなもの。本物のもつすべての魅力が失われている」

オープンウォーター・スイミング（OWS）は気弱な人や、体が冷えやすい人には向かない。勇敢な人々がこのうえなく劣悪な泳ぎ場所を探求する、イギリスのワイルドスイミング運動を起こしたメンバーの一人は、「いさぎよく水に入らなくてはならない。水辺にただ立って、足の指を浸け、水が十分温かいかどうかなんて考えるのはよしなさい。なぜって、イギリスでは十中八九、温かくはないからだ」と助言する。

その指をドーバー海峡に浸けた場合はなおさらだ。一九二六年に女性初のドーバー完泳者ガートルード・

エダールが挑戦したときには、刺すように冷たい摂氏一六度だった。それでも、それは一応、氷のような水が太陽で温められた八月の水面の温度だった。ドーバーの海は荒く、渦巻く流れが見えるほどだ。予測はまったく不可能で、湖のように静かな海で泳いでいるかと思えば、次の瞬間には襲いかかる大波に打ちのめされる。あまりに狂暴な潮流の変化は、エダールがケント州沖で体験したように、挑戦者をゴールから遠ざける。彼女はのちに「海がわたしをイングランドから引き離していると感じました」と語った。

それではいったい何が魅力なのだろう？　それでもなぜ人々は体にオイルを塗り、GPSで監視してくれるクルーを募り、オイルタンカーをかわし、竿《さお》の端からぶら下がったカップからの給水（ボートや人に触れれば失格）を受け入れるのか？　また、「命取りの隙間」とフランス人が呼ぶドーバー海峡をただ渡るだけでも快挙なのに、どうして一往復半もする人が出現したのだろう？　その記録は二八時間二一分で、マシュー・ウェブが片道にかかったタイムより八時間長いだけとはいえ。

答えは、登山家ジョージ・マロリーがエヴェレスト登頂について訊かれたときの「山がそこにあるからだ」ではない。「ドーバー海峡を泳ぐのは、海がそこにあるからではない。あなたがそこにいるからだ」と、キャシー・ワトソンは一回目の横断泳について著した本のなかで言っている。また、一九八八年に完泳したカリフォルニアの物理学者デイヴィッド・クラークは「ドーバー横断泳は自己の問題であり、ドーバーを横断することはけっしてスイマーの人生におけるただの通過儀礼ではない」と説く。「海は人間のうぬぼれを増長させない。海から上がり、フランスの汀《みぎわ》に立って

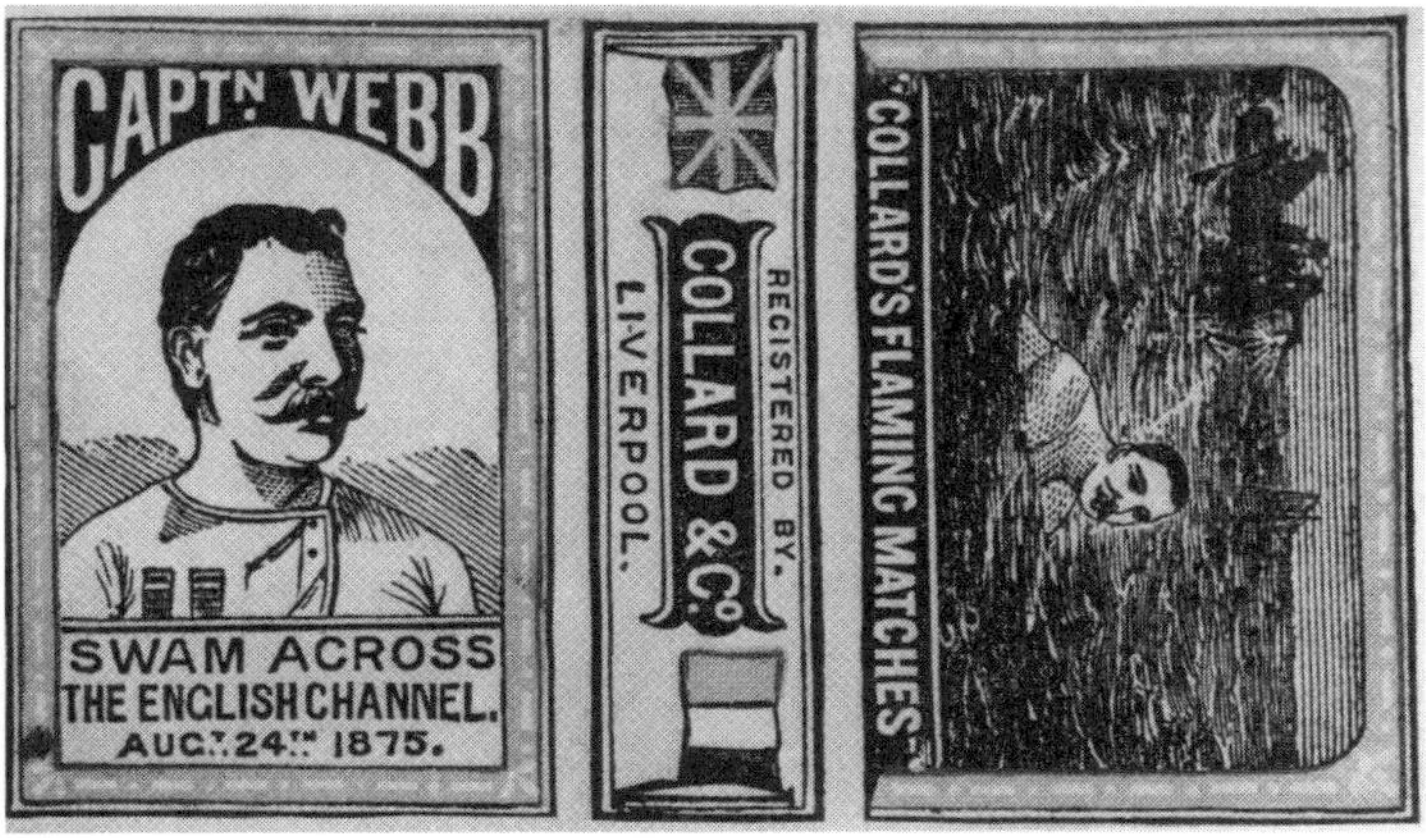

大快挙を成し遂げたウェブ艦長の絵は
人気ブランドのマッチ箱に長く使われた

海峡を振り返っても、海はわたしに敗れたようには見えない。わたしたちが征服したものは自身の限界なのだ」と。

それがまた、ダイアナ・ナイアドがハヴァナからキーウエストまでの、六〇時間もかかりかねない、危険きわまりない一六五、七キロのコースを選んだ理由であった。

「何かすごい偉業を成し遂げようとしていたわけじゃない」とナイアドは語る。「ただ、人生の最後に一つも後悔しないでいるためには、毎日をどのように生きたらいいかって考えていただけなんです」

歳を取ることは夢に別れを告げることだと苦悶した経験をもつすべての人のために、彼女は六一歳でそのコースを泳ごうとしていた。その大イベントの数カ月前に、当時の心境とトレーニングについて質問するため、マンハッタンに会いにいった。午前八時にすでに彼女は、一分に六〇ストロークの着実なペースで、二時間半もの五〇メートル・ラップスイムを終えていた。それはノンストップで一秒に一度、両腕でかき続けることを意味する。その泳ぎを見守っていると、気持ちが萎えた。通りを渡って朝食をともにすると、彼女は実に食欲旺盛だった。オートミール、ヨーグルト、ベリー、バナナ、卵、ベーコン。彼女が食べるところを見ていると、元気が出た。「歳を取ったとは感じないの」と彼女は言った。「ええ、そりゃあ昔よりスピードは落ちたし、体はいかつくなったわよ。でも、すごく丈夫。昔は競走馬のようだったけど……今はむしろ、たくましくて働き者のスコットランド産クライズデールに近いわ」

長距離のスイミングがもつ不思議な特質について、彼女には少なからぬ見識が備わっている。

「ネパールに行ってアーシュラム（ヒンズー教の僧院）に座るために、一生こつこつ貯金をする人たちがいるでしょう。彼らだって、わたしが目指すところに行きたがっているだけなのよ――普段の生活から抜け出し、自分の心の宇宙を探検するために」

二〇一一年の夏、彼女にとって四度目となったその挑戦は大いに報道されることとなった。途中、二匹の凶暴なカツオノエボシ（電気クラゲ）が長い糸のような触手で彼女の体を鞭打ち、命を奪いかねない猛毒を体内に注入したからだ。「まるでSF小説に出てくるような超高速のほうきに、千分の一秒より短い一瞬、体をバシッとはたかれたようだった」ナイアドはのちに綴っている。「強烈な痛み。とても耐えられない。まるで煮えたぎる油のなかに抑え込まれているようだった。思わず叫んでいた。〝火事よ、火事、火がついた!!〟」

毒による麻痺が広がるにつれ、息ができなくなり、生命の危険が迫った。ついに途中棄権することに同意し、彼女の夢は破れた。

「わたしたちは一つのシナリオ、一つの恋愛についてプランを立てる……すると、想像もしなかった生き物が現れる」。体が癒えたあとに彼女は結論した。「そして、わたしたちは生き延びる」と。

避けられないことをそんなふうに冷静に受け入れる姿勢が、わたしの出会う多くのオープンウォーター・スイマーを結束させている。どんな水域を泳ごうと、それは共通する教訓だ。

「母なる自然は征服できない」とは、プール仲間のアラン・モリソンの言葉だ。肩の筋肉がうらやましいほどの頑健な弁護士で、サンタバーバラ海峡、ボストン・ハーバー、タンパベイなどで長距離のスイミングを経験している。「ぼくは勝利するためにマラソン・スイムをしているわけじゃない。そこに長く滞在し、母なる自然が最後まで通らせてくれることを祈るだけだ」。ときどき、その自然は通らせてくれない。「初めて長い距離を泳いだのは二〇〇六年、キーウエスト付近だった」。彼は記憶をたどる。「スコールが来て、稲光が始まった。例のギザギザの光だ。すると監視ボートがやって来て、〝ボートに上がるよう強く勧めます〟と言われた。監視員が言い終わらないうちに、上がってたよ」

モリソンはバイオテクノロジーと薬事法を専門とする弁護士で、それが自身の水への愛着を説明するのに役立っているようだ。

「スイミングは数量化という点で非常に優れたスポーツだ」。ある朝、トレーニングの後に朝食を取りながら説明してくれた。「なぜなら、いつだってカウントしているからね。プールではいつも数学の勉強だ。パターン認識にフォーメーション」。一方、マラソン・スイムに必要なのは根性だけだ。「苦しくてたまらないときもあるよ」。一四時間かけて完泳したばかりのタンパベイでの三九キロのスイムについて尋ねると、そんな答えが返ってきた。「泳ぎながら、あらゆるものについて見直しをする。すでにエントリーしている他の二つをキャンセルしようかなんて考える。物悲しくなってくる。子供のときに死んでしまっていればよかったなんて思い始める」。ジョークかどうかは計りかねていると、「それから」と彼は記憶を呼び起こした。「もし、ぼくが弁護士として自分を弁護したなら、ここでやめるにはどんな理由が必要だろうかと考えた。〝どんな言い訳なら、十分な説得力があるだろう?〟ってね。次に〝翌朝起きたとき、どんな気がするだろう〟って思った。それが途中でやめるのを思いとどまらせた。自分に言い続けたよ。〝これはバルミツバ（ユダヤ教の宗教上の成人

「アルカトラズからの逃亡」と呼ばれるレース。水は冷たい

式。一三歳の少年が対象）みたいなもんだ。途中でやめることはできない！　この惑星の半分の人間がインターネットで観ている〟とね」

そのネットの世界こそが、彼が仲間の多くと出会った場だ。彼は大人になってスイミングを始めた。

「それはぼくの人生を変えた。知り合いのほとんどが、フェイスブックの写真でスイムキャップをかぶってるよ」

それもまた、今日のスイマーから例外なく繰り返し聞く言葉だ。グループスイミングや、より社交的な意味合いの強いオープンウォーター・チャレンジの機会が増えるにつれ、長距離スイマーの孤独は、同好者間のデジタル通信による日々のサポートに取って代わられた。それでもまだ、頭が水中にあるときに会話はできないし、上司がスイミング遠足を企画してくれる見込みはないが、裏庭のプールが屋外のリビングルームに変容したように、昨今のスイミングでは競争性と同じくらい集団性に重きが置かれ

橋を渡らずにブルックリンからマンハッタンに。NYCスイム2010

つつある。

南は南アフリカから北はスウェーデンまで、オープンウォーター・スイミングのイベントは世界中で開催されている。アメリカでは、チェサピーク湾からアルカトラズ島（サンフランシスコ湾の、かつて連邦刑務所があった島）まで。

二〇〇八年の北京オリンピックから、オープンウォーター・スイミングは正式種目になった。二〇一二年のロンドンオリンピックでは、ハイドパークの真ん中にあるサーペンタイン池で一〇キロのレースが行われる。クリスマスにしばしば手斧《おの》を必要とするほど分厚い氷の張った水に飛び込む寒中水泳が話題になった場所だ。

ニューヨークでは昨年の夏、NYCスイムの主催する一四の大規模イベントに二一〇〇人以上のスイマーが参加した。ブルックリン・ブリッジの下の横断泳（カー・フリー・クロッシング／無車両横断）もあれば、自由の女神を遠巻

自由の女神を一周。ＮＹＣスイム2010

きに一周するイベントも、さらに、一九二五年に初めてロウワー・マンハッタンからニュージャージー州サンデーフック岬までを自由形で泳いだガートルード・エダールの名を冠したエダール・スイムと呼ばれる過酷な一七・五キロのマラソンスイムもあった。目玉は、一九七五年のダイアナ・ナイアドによる記録破りの周遊に触発された、マンハッタン島を一周する四五キロだった。

「左向きに息継ぎをしながら時計と反対まわりに泳いでいたので、一日中マンハッタンが見えていたわ」。ずっとあとになって、ナイアドはわたしに語ってくれた。「みんな、仕事を休んだり、数時間抜け出したりして、応援してくれたの。広々としたハドソン川を眺め、ジョージ・ワシントン・ブリッジをくぐると、はるかかなたに自由の女神が見えた。壮観だったわ」

世界で最も特別な街の特別な眺めは、今はインディアナ州で高校生をコーチしているデイヴ・タナーも描写した。「イースト・リバーを泳いだんだ。国連本部が見えたよ。タクシーを追い越した——ぼくのほうが速かったからね。それからハドソン川を下っていった。七時間半もかかった。帰りには肩があまりに痛くて、車のギアチェンジもできなかったよ。それで友達に助手席からやってもらったんだ」

ＮＹＣスイムは、銀行員のモーティ・バーガーが、かつてはビッグアップルに浸透していた水泳の復興のために立ち上げた。

「これは、このスポーツにとっては、いわばセカンドダンスなんです」。彼はエダールや彼女以前の多くの人々が出場した競泳大会や耐久スイムが、ニューヨーク市の河川で定期的に行われていた輝かしい時代を引き合いに出した。オリンピックのもたらす四年ごとの興奮、マラソンやトライアスロンをしていた人たちの高齢化、そして市による絶賛に値する河川の清浄化のおかげで、今また、勢いはついていると語る。「今は荒れ方の具合もちょうどいい。なぜなら、危険の瀬戸際にいる感じもちょっとありますから」とバーガー。「ほら、黒い水、ジョーズが襲ってくる……ってね」

まるっきり冗談というわけでもない。「あそこに出て自分だけの領域にいると、一種の神秘を感じるんです。私的なスリルを味わわせてくれる」。それは彼にとって、最上級の詩的なコメントだ。スイミングを特別なものにしているものは何かと質問した。「子宮への帰還だという人もいますが、わたしは子宮を覚えていないし、たとえ精神分析医といっしょでも、もう一度訪問したいとは思いませんね」

バーガーの最大の後援者であり、ボランティアで広報大使も務めているカプリ・ジャティアスモロは、スイミングさえあれば他の助けは必要ないと言う。「スイミングはわたしのドラッグであり、セラピーであり、教会なんです」。セクシーで、快活で、自称マーメイドのカプリの情熱は、これまで多くの人々をニューヨークの河川に誘い入れてきた。彼女の姿は、年間を通して、週末にはいつも水辺に見つけることができる。スピード（ｓｐｅｅｄｏ）の黒い水着姿で、スタイリッシュな小型カメラを胸元に突っ込んでいる。「わたしの谷間カメラよ」と言い、さっと一枚をスナップした。あとでネットに投稿するのだろう。

カプリは大企業相手にアウトドアの全国キャンペーンをお膳立てし、宣伝している。けれども、彼女のハートはやはり水の中にある。「いつも泳いでいられたら、どんなにいいかしら」。ある夜、ディナーの席で彼女が言った。「いつもオフィスで文句を言ってるの。〝残念、今日は最高のビーチ日和なのに。もし、わたしをほんとうに高く評価してくれているなら、ビーチにもっていける防水のラップトップを用意して〟ってね」

彼女は元トライアスロン選手で、それにふさわしい筋肉の持ち主だ。ＮＹＣスイムが後援したイベントはほぼすべてフィニッシュし、一週間も水に入らないでいると気が滅入るそうだ。「水の中ではとても気持ちが落ち着くの。水に入ったとたんに、あらゆる心のゴタゴタや、頭の中のうるさいおしゃべり――」。きついバネのように、指で頭を締めつける。「そんなものすべてがどこかに飛んでいってしまう。特に長距離スイムではそう。まず自分の調子をチェックする。それから宇宙をさまようの」

水生動物との近接遭遇

タンパベイでのマラソンスイムを始めて五時間後、アラン・モリソンは魚に腿をつつかれているのを感じた。

「事実、体を押しつけて、小さく震えていた。やつらはぼくと交尾しようとしていて、こいつは前戯なんじゃないかって思ったよ」

魚たちは彼の脚を伝って下りていきながら体を震わせ続けた。五秒から一〇秒後に去っていったが、五分か一〇分後にまた戻ってきた。そんな遭遇が少なくとも一〇回はあった。初めてそれが起きたとき、彼はすぐさま泳ぐのをやめて、カヤックで伴走している女性に言った。

「何かが脚を這って下りてるんだけど……ってね。すると彼女はにっこりした。心配する必要があるかと訊くと、ノーと言われた。それで泳ぎ続けたんだ」

子供のころ、カプリ・ジャティアスモロはよくメキシコ沖のカリブ海で一人きりで泳いだそうだ。おだやかに、そして冷静に彼女は振り返る。「あるとき、体長が一メートル半もあるバラクーダに遭遇したの。わたしたちは互いを

死ぬほど怖がったわ！　相手もギョッとしたってことは、体の色がクールなシルバーから斑《まだら》のグレーに変わったからわかった。それで、心のなかでバラクーダに話しかけたの。〝あのね、ここがあなたのテリトリーだってことはわかってるけど、わたしはただ通りすぎようとしているだけなの。あなたを傷つける気なんてないのよ〟って。すると彼は落ち着いたけど、〝オッケー、でも、怖がらせたじゃないか！〟って言うじゃない。それで〝あなただってわたしを怖がらせたでしょ。とにかく、ここは通らせて。ただ通りすぎるだけなんだから〟って言ってやったの。それでおしまい」

その会話はすべて彼女の想像の産物なのかと訊いた。

「うーん、わたしたち、確かにコミュニケートしていたと思うわ」とのこと。さらに彼女はスキューバダイビングをしていたときに、まずガラガラヘビが出すような音に気づき、続いて岩棚にロブスターの爪がちらりと見えたことがあったと話し始めた。

「ロブスターは好奇心が強いのよ。だから手を振ると、それを感じて出てきて、おとなしくなった。魚も人間と変わらない」と彼女は説明する。「それぞれ性格があるのね」

スイマー仲間の友情は、とりわけオープンウォーターにおいては伝染しやすい。ヘレスポントスでも、イベントに先立っていくつものパーティやミーティングが開かれ、即座に友情や相互サポートが生まれた。しかも、それは「世界をリードするスイムツアー専門旅行社」を自負するスイム・

ヘレスポントス・スイムの垂れ幕

トレックの開催した、この種のイベントのただ一つにすぎない（わたしが調べたところ、同じような会社は世界に少なくとも五、六社はある）。同社がスタートした二〇〇三年には、一〇〇人以下の参加者を三カ所に連れていっただけだった。それが二〇一一年には二〇〇〇人以上をギリシャ、クロアチア、エジプトを含む二六カ所に連れていっている。それは一部には「スケールの大きい野外というものに対する意識の高まり」を反映していると、創業者のサイモン・ムーリーは分析する。「三〇年前には、内陸の河川や湖は公害を垂れ流すゴミ捨て場だとみなされていました。それが今では過去にないほどきれいになり、人々はプールで泳ぐ以外にもやることがあると気づいたのです」

自然界でのスイミングの様相を変える一助となった雄弁なライターで才能豊かなスイマーのリン・コックスほど、海における人間の潜在能力を探求した人はいない。彼女が自らの知識を他のスイマーに授けるときの気前のよさは伝説的だ。地球上の水のある場所に対する彼女の情熱は限界を知らない。

「地図を広げて、すべてのブルーの部分を眺めるんです」彼女は説明する。「でも、一つ一つみんな違う。色も、味も、浮力も。それぞれがそれ自体、一つの世界なのです」

ドーバーを二度（一回目は運転免許の取得年齢に達する前）完泳し、他にも数々の世界的な成功を収めた彼女は、スイマーに海というものを再認識させた。

「波に体が持ち上げられ、海ではすべてが、水面の光さえもが、常に変わり続けるの。泡一つとっても種類はいろいろあります。そして、夜には燐光《りんこう》が飛び交う世界」。心から感謝するのは「自分が何かの一部であると教えられる」こと。

リンが最もよく知られているのは、氷混じりの寒中水泳だ。骨が刺されるような冷たさだが、身に蓄えた脂肪というウェットスーツのおかげもあって泳ぐことができると言う。

「もしわたしが長身の痩せた男性だったら、きっとあまり沖まで行けないでしょうね」と淡々と話す。「彼らには体脂肪がないからよ」。彼女の体内温度は平均より一度低いそうだ。そして、確かにそれは大きな違いをもたらす。基準値の体温が低いということは、温かく保つために、体はそれほど頑張らなくてすむということだ。彼女はまた「血液が体の中心に移動するよう」自発的に末梢《まっしょう》血流を止めることができる。だから、二四度のプールでも汗をかく。だが、彼女が泳ぐベーリング海、北極海、アラスカのグレーシャーベイといった、想像もつかないほど冷たい水の中では、実際、冷たさを感じるそうだ。ただ、冷たいということに意識を集中しないだけだとか。「そんなことにエネルギーを使いたくないでしょう」。これもまた、気持ちが落ち込んだときの教訓になる。

素晴らしいアドバイスだけれど、わたしが普段試したい種類の試練ではない。わたしはいつも……正直言って、温かい水を好んできた。温かすぎるのはだめ。そう、少しひんやりくらい。でも、冷たいのはいや。要するに、体のシステムにショックがなければ——つまりそれは、気温と入って

特製冬用スイムキャップをつけたコニーアイランド・ポーラベアーズ

いく水の温度の間に、はっきりとわかる違いがないという意味——大満足なのだ。焼けつくほど暑い日をのぞき、やさしい子宮のような世界に滑り込むのが好き。そこは安全な場所で心が休まる。でも、わたしの順応性は、ヘレスポントスのトレーニングを通して、以前よりは改善されている。冷たい水（正確にはほんの少しだけ冷たい水）は速く泳ぐ場合や長めのトレーニングにはより適していることを発見した。急冷はエネルギーを生み出す。とはいえ、わたしは自分の限界を知っている。

二月のあるキリキリと冷たい日曜の朝、わたしはコニーアイランド・ポーラベアーズを見物しに出かけた。北極圏の熊ではない。気温がぐんと下がったときに一泳ぎする勇敢な人々だ。ポーラベア・クラブは全国にあるが、大半は元旦に慈善のための寄付金集めを目的とした寒中水泳をするだけだ。最古のポーラベア・クラブ

砂浜ではなく雪原を走る

を自認するコニーアイランド・ポーラベアーズは一一月から四月まで、一度も欠かさず毎週日曜に大西洋で泳ぐ。

雪原をドシンドシンと足を踏みならしながら荒涼とした冬の浜辺を目指すと、摂氏八度の日差しのなかでのんきにうろつく一〇人あまりのポーラベアを発見した。定年退職者、フリーランサー、郵便局員、菓子パン職人など。時刻は正午ちょっとすぎ。わたしはジーンズ、タートルネック、パーカー、ブーツ、手袋といういでたちで、首にはスカーフをしっかり巻きつけている。彼らはといえば、ビール腹や締まった体の上にビキニやボクサーショーツだけという着衣、いや、露出ぶりだ。なのに誰も震えてはいない。

「水着を着ていることほど民主的なことはないよ」。メンバーの一人が笑いながら言った。

「毎日がビーチ日和だ」と言うのは、二一年前

点々と見えるのは大きな雪片

に、医師から冬に運動することを勧められて始めたという、長身痩軀《そうく》の別の男性だ。「初めてやったときは体がピリピリしびれたよ。でも、はまったんだ」。彼の名はルイス・パディラ。六九歳。かつてマンハッタンのガーメントセンターでエレベーターを操作していた。以前は松葉杖を必要としていたそうだ。「膝がやられちまってね――まっすぐ歩けなかった」。それが、今では、「そんなものは全部消えた。痛みもないんだ。こいつはすごく気に入ってる。そりゃ寒いけど、それほどでもないよ」

ポーラベアたちの間では、健康の話題がさかんにもちあがる。なぜなら、一九〇三年にまでさかのぼるポーラベア・クラブの創始者は、運動による健康維持が人気になるはるか以前にそれを主張していたからだ。冷たい水はその一部だった。そして、その魅力は今も変わらない。「クレージーで、おもしろくて、セラピーより安い」。〝やれるものならやってみろ〟との挑戦を受けて行ったのが最初だったという五一歳のボブ・クロースが付け加える。「つまるところ、例のエンドルフィンだよ」。寒中水泳のあとに、どうやって体を温めるのか訊いてみた。「終わったあと？　一目散で車まで走るね」。彼は笑いながら言った。

　午後一時過ぎ、クラブの代表を務める五五歳のデニス・トーマスが、ポーラベアたちを雪原を越えてビーチへと先導していった。わたしも頭の禿《は》げた寿司職人とともに行進に加わった。彼はジョージ湖で泳いだときのことを懐かしんだ。「まだ髪の毛があったころには、水から上がると髪が完全に凍ってたな」

　ニュージャージーの自宅から毎週そこまで運転してくるという大柄な元海兵のマイク・スパタロは「二つの橋を渡って、一時間かかるよ」と誇らしげにいう。「それに高くつく」とも。一寸先も見えない猛吹雪のなかで泳いだ日のことを思い出して笑い出す。あとで、その瞬間をとらえた爆笑ものの動画をネットで観た。彼はまた、体感温度が零下一二度まで下がった日のことも語った。「砂がレイザーのように突き刺さるので、みんな、あわてて海に戻ったよ」。今日、彼は裸足だ。

　すると、デニス・トーマスが週一の儀式を開始した。みんなで大きな円を作り、彼のリードで全員が詠唱する。今日はスーパーボウルについてだ。続いて血のめぐりをよくするために跳躍運動をする。それを合図に全員が氷点すれすれの水に飛び込み、ふたたび円になり、大声で叫んでから、それぞれ自由に泳ぎ出す。グリーンのスイムキャップをかぶった女性が、まるで夏でもあるかのように勢いよく泳ぎ出していった。

個人用ケータリングをしているエイドリエン・アダムズという名の、フェイクファーの帽子と虎のプリント模様のビキニをつけた、ほっそりした若い女性が即刻ビーチに引き返してきた。ピアスをしたへその五センチ上まで皮膚が鮮やかなピンク色に染まっているので、どの深さまで入ったかが一目瞭然だ。「これがわたしの限界」と震えながら言う。だったら、なぜビキニを着るの？「ワンピースを着ようが同じことよ」。常連の一人として、彼女もまた、凍えたいという、いわば常軌を逸した深い欲求に突き動かされているのだろうと思い込んでいた。だが、大違いだった。「冬は大嫌い」。ピンク色の肌が今では青みを帯びつつある。「これはわたしの降伏のしるし。わたしなりの冬との折り合いの付け方なの」

全部で彼らは一二分ほど泳いだ。カプリ・ジャティアスモロも参加していて、無頓着に冬の水を振り落としている。「ただもう、すごく気持ちがいいの。あなたもやってみるべきよ！」と言い張る。「二分もしないうちに、化学物質のカクテルが分泌されるわ――ドーパミン、セロトニンにエンドルフィン。それがポーラベアのハイ」。海岸の完全に乾いた暖かい場所に立って、わたしは彼女にどのくらい冷たいかという質問を投げかけた。「ほら、パーティで氷の入ったバケツに腕を突っ込んで最後のビールを取り出そうとすることがあるでしょ？　ちょうどあのくらいの冷たさよ。それを全身で感じるの。ショックだけどほんの一瞬よ。他には何も存在しない。その場でただそれに対処するだけ。その場でね」。彼女は微笑んでいる――全員が微笑んでいる――そして、実際（わたしの頭、おかしい？）楽しそうに見える。もう少しでトライする気になるところだった……もう少しで。

デニス・トーマスが裸足で雪原を越えて戻ってきたので、夏にもここで泳ぐのかと訊いた。「いいや、人が多すぎる」
きっとプールも、彼には向かないだろう。

赤い潮流

その写真は合成に見える。一九六六年七月に行われた中国の長江を横断する大規模なマラソンスイムの参加者総勢五〇〇〇人のなかから、一つの小さな頭がひょいと飛び出している。だが、毛沢東《モウタクトウ》は事実、そこにいた。七二歳の謎めいた主席は病気で、国を導くには不適当だという噂を払拭《ふっしょく》するための政治的演出の一つだった。

生涯にわたって泳ぐことを愛した毛《モウ》は（「きみは水泳をするか？　水はいいぞ」と言ったそうだ）予告なしに長江《チョウコウ》とその支流漢水《カンスイ》の合流点にある武漢《ブカン》に姿を現し、一風変わった〝自由形

ならぬラウンジチェア形——仰向けで、腕と脚はただ浮かべている——で、一時間以上かけて一五キロほどの距離を流れに沿って下った。流れは人々の反応と同じくらい彼に好意的だった。途中、ちょっと休んで少女に背泳ぎの手ほどきをするといった場面さえあった。国営メディアによると、群衆は「はじけるような大歓声」を上げた。

外部の世界はこの演出を、毛主席が嵐のような文化大革命の主導権をふたたび奪回しようとしている兆候だと読んだ。国民は変化しつつある権力の潮流のなかにあっても、一貫してその偉大なリーダーに従えとのメッセージだと受け取った。

「そこには手を振る年老いた毛《モウ》がいたが――」と、バスローブに身を包んだ彼の写真を思い出しながらある人が言った。「水の上に立っていたとしても不思議はない」

7 流線形

マナーの締めつけがゆるい時代の例にもれず、レアンドロスも対岸の恋人を訪問するため水に入る前にはマントを頭に縛りつけ、全裸でヘレスポントスを泳いだ。伝説の人物であれば、何をやっても許される。数千年後にガートルード・エダールが現実の世界でドーバー海峡を泳いだときには、ロマンスではなく快適さを求めて、お手製の絹のブラをするりとはずした。男性スイマーは大事な部分を保護するものすらつけず、ただグリースを塗りたくっただけで横断することが許される。

ヘレスポントスの冒険の途中にそんなイメージが頭をよぎったのは、海水があまりにやわらかく、真珠のような光沢を帯びていたため、裸になってもかまわないという気がしたからだ。それこそが、わたしが一人きりのときには、バリアとなる最小限のものさえつけずに流れを滑るように泳ぐのを好む理由だ。とても原始的。とても非現実的。だから、今回のイベントに当たっては、わたしの豊富な水着コレクションからどれをもってくるかについて、慎重に検討を重ねた。肩が自由に動き、エスター・ウィリアムズにでもなった気分にさせてくれるストラップレスはどうかしら？　ヘレスポントスと親密になるために、エダールがやったようにトップをはずせるホールターネックのセパレーツは？　やわらかくて小さな筒型のバンドーとグリッター入りのボディクリーム（わたしはキラキラが好き）の組み合わせはどう？

結局、礼節と速度を考慮して、スピード社の水着に決めた――少なくとも、わたしらしく、色は紫にしたけれど。その容赦ない第二の皮膚は、トルコに到着して以来わたしが食べたケバブの量を隠してはくれない。でも、速度を落としたり、皮膚を擦《す》りむいたりもしない。さらにいいことに、ネットで買えたので試着室に行かずにすんだ。

もし大人の女性がホラー映画の犠牲者のように振る舞うところが見たければ、この一言で十分――水着。そしてもう一言――試着。

「水着を買いにいく日には、ショッピングが大好きな人でも自殺したくなるでしょう」とは、わたしたち女性の服に対する気持ちを浮き彫りにした〈恋、失恋、そしてお洋服〉のシナリオを共著したノーラ・エフロンの言葉だ。そもそも水着を服と呼ぶのは、水着に対して寛大すぎる。それは「下着」だと、ミュージシャンのパトリシア・マークスは〈ニューヨーカー〉誌上で公言している。けれども、「下着と違って、舞台裏で仕事をしてくれない。水着の独壇場なの」。さらに悪いことに、と彼女は続ける。「水着が抜群に似合うのが誰か、わかる？　マネキンよ。それにハンガー」

マークスは何も心配する必要がないほど引き締まったボディの持ち主で、ハーバードの学生時代には裸のままプールで泳いでいたそうだ。なぜなら「まだ性に目覚めていなかったの。みんなもただ泳ぐためにそこにいると思っていた。誰も見ていないって」。何年ものちに大学時代の男友達相手にそのことに触れると、信じられないといった口調で「冗談だろ？　どうしてぼくがライフガードをしてたと思ってるんだ？」と言われたそうだ。

少なくとも、彼には試着室の容赦ない蛍光灯よりは温かい鑑賞眼があった。試着室では、ずっとするほどまぶしい光のもと、三面鏡に一瞥《いちべつ》をくれただけで、シニアプロム（高校や大学の最終学年のダンスパーティ）以来見かけなかった毛穴や、エスティ・ローダーに大金を注ぎ込んで隠そうとしてきた小じわを発見する。個人的な話をすれば、わたしの肌は魚の腹のように生白い。そして、三方向から見たおなかの脂肪は、少なくとも二段は余分だ。あっ、待って、これは背中の脂肪だった。

わたしの知っている女性のほとんどが、ブルーミングデールズの店内で身体をあらわにするくらいなら、自らをメディアにさらして大統領選挙にでも出るほうがましだと考える。その両方をやった女性はこの問題の重大さを理解していた。

二〇〇七年大統領選のキャンペーンの最中に、ハイテク企業の役員たちを相手に行った環境問題のスピーチのなかで、ヒラリー・クリントン上院議員は、白熱電球を省エネの小型電球型蛍光灯と置き換えるという案が、その気色の悪いグリーンの色味のせいで延期になっている事実を認めた。続けて、「ここで耳を傾けているすべての女性が、蛍光灯の着替え室で水着を試着することがどんなことであるかを知っています」と述べたが、その瞬間に、彼女は全米のファッション犠牲者の票を獲得したに違いない。そして、「もっとましな明かりが登場するまで、市場での幅広い支持は受けられないでしょう」と締めくくった。

一方、コラムニストのエレン・グッドマンの勧める解決策はシンプルだ。「試着室の蛍光灯をキャンドルに変え、鏡は細長いものを一枚だけにすればいい。そうすれば、わたしたちみんな、永遠にXSサイズの世界で幸せに暮らせるのに」と言う。

でも、それまではスパンデックスに頼るしかない。それは引っ張るとパチッと元に戻る特殊な繊維だ。贅肉《ぜいにく》の上に引っ張り上げてかぶせると、つぶして平たくしてくれる。スパンデックス(SPANDEX)は「expands(引っ張られて広がる)」の綴りを変えた語であり、確かにそれはいったん広がるが、広がったままでいないよう締め付けてくれる。それはスイマーが何カ月腹筋運動をしても達成できなかったことをやってのける。

「最初に使ったのはわたしたちでした」と振り返るのはデザイナーのミリアム・ルゾーだ。家族が経営するブランド「ゴテックス」のために、彼女は洗練された水着をデザインした。このブランドの水着はエリザベス・テーラーからダイアナ妃まで、スイミングを愛する多くの女性たちのボディをキュッと引き締めた。「この素材を多く使えば使うほど、引き締め効果は増しました。そしてプリント柄はいわばカモフラージュです。何を目立たせ、何を隠すべきかが、わかっていましたから」

スパンデックスの昨今のスーパースターはミラクルスーツだ。「もし、ちょっとおなかが出ていたら、これが引っ込めてくれます。お尻がちょっと下がっていたら引き上げます。ボディ部分に少し足りない部分や余った部分があれば補正してくれます」。ミラクルスーツの企業交渉担当役員サンドラ・ダヴィドフが、女性を「一〇秒で一〇ポンド（四・五キロ）軽く見せる」と約束するスタイリッシュな商品群の驚異的な成功について語る。「これは現在出回っているもののなかでは最高の圧縮水着です」。彼女はさらにソーセージの皮のようにはじけてしまう可能性をきっぱり否定した。「飛び出してはならない部分から何かが飛び出すなんてことはけっして起きません。キュッと吸い込んで、そのままキープしてくれます」

ミラクルスーツの秘密は、彼女の説明によると「キープ力を三倍に」するためのライクラ（スパンデックスの商標）というナイロンの量を通常の三倍使うことにある。「わたしたちの身を世界の目から守る一メートルの布です」。要するに、素材が変わっただけだ。わたしはかつて母を締めつけて縮めた、一昔前の骨入りの重いガードルに思いを馳せた。「女性たちのほとんどが自分の体に劣等感をもっています。ボディを見せびらかしながら堂々と歩ける人なんて、まずいません。わたしたちはビーチやプールへ向かって歩くとき、すべてが収まるべきところに収まっていて、何もこぼれ出そうになっていないと確信したいのです」

ミラクルスーツの市場は消費者が決定する。かつては一八号だったこのラインの最大サイズが、今では二四号のWである。それは、わたしたちの生きている時代が肥満の時代である証拠なのだそうだ。速く効率よく泳ぐための最も小さな水着であるスピード社製さえ、いちばんの売れ筋サイズは一〇号から一四号に拡大した。

「でも、それには別の一面もあるのですよ」と、同社の業績担当役員ケイト・ウィルトンは説明する。「さほど健康でない人も、同じように水に入って運動をしたがっているのです」。そして、彼らのための水着が用意されている。

彼女によると、ウールからナイロン、そしてライクラへの素材革命の推進力の一つになったスピード社は今、「水中での自信を与えるため」に独自に開発したエクストラライフ・ライクラを使用している。「わたしたちは、スイミングのレベルに関係なく、人々に水に入ってもらいたいのです。スイミングを万人のためのスポーツにしたいのです」。代表的なスタイルは、バックストラップがX型になった、肩をむき出しにするウルトラバックだ。「これだと、ラップスイムをするときにも安心です。ストラップが滑り落ちるのはいやですから」。アメリカ中のプールのレーンで、スイマーたちを推進する盛り上がった広背筋をウルトラバックが縁取っている。しかし、水から上がった姿はあまり魅力的とは言えない。みんな同じバスト、というか……。「ええ、すべてを平らにならしてしまいますから」。それにはウィルトンも同意する。「わたしたちは、ランニング時のスポーツブラのように、胸は押さえつけられていたほうが水中を進みやすいことを発見しました。特に格好よく見せてくれるものではありませんが、効率のよい運動を助けます。弊社の水着は性能本位なのです」

イングランドにあるスピード社の極秘研究開発施設〈アクアラブ〉では、科学者たちがスイマーの身体のまわりの水の動きをとらえる高速水中ビデオを駆使して、ジェット機からF1カーまで、あらゆるものに存在する反抗力の特性をどうすれば高速水着に応用できるか研究している。

トップ選手たちが着用している現在の標準水着は、紙のような感触で体にぴたりと沿う、超軽量の織った（他の水着は編まれている）素材を使用したもので、一般人が愛用しているウルトラバックよりもさらに第二の皮膚に近いものだと想像してもらえればいい。

「試着はしないで」。わたしにその霞《かすみ》のように薄いサンプルをなで回させながら、ウィルトンが警告した。「そのなかに体を収めるにはすごく時間がかかるんです。あまりにもきつくて、圧縮力が強いため、初めて着る人はたいてい二〇分近くかかります。重労働ですよ」

驚いたことに、このうえなく体の引き締まったオリンピック選手たちさえ、着用には手助けを要するとか。彼女によると、細いウエストは障害になるのだそうだ。なぜなら、「飛び込んだ瞬間に水がウエストに引っかかり、それがヒップに跳ね返るときにスイマーの速度を落とすからです。したがって、わたしたちは平らな面を作ろうと、ウエストをヒップと同じ幅にするための詰め物をし、体の前の肉を後ろに押し込む試みをしています。そうすれば、水は体の上を可能な限り速く流れていきますから」。ということは、上半身も？「ええ、胸のサイズを劇的に減少させますね。体のでこぼこをできる限り減らそうと試みているのです」

しかしスピード社を始めとする水着メーカーには、アスリートを対壁までロケットのように推進させるにあたり、正確な流線形を追い求めるでこぼこの道のりがあった。それは、二〇〇〇年から二〇〇九年の、今では「スイムスーツの時代」と呼ばれる期間だ。その間、祖父が冬に着ていた下着のハイテクバージョンのように見えるポリウレタン製密着型スイムスーツが、選手たちにそれまでの二〇〇あまりの記録を、記録的どころではない大きな差で破るのを助けた。ファンは速さを、そして一秒の数百分の一が皮膚によりかすめ取られる興奮を愛した。批評家たちは、男女両方を対象としたその水着が、浮力を与えてゴールへの推進を助けるパフォーマンス強化水着であるとして

2012スピードを着用したマイケル・フェルプスと、その指先から足先までの水流

攻撃した。

二〇〇九年、水泳競技の公式機関である国際水泳連盟（FINA）はこの水着を禁止し、ポリウレタンをプールから追放し、新規定を打ち立てた。したがって公式戦に出場する選手は今、繊維を織るか、編むか、組んだ水着を着用しなくてはならない――つまり、もはや、「化学製品最高」の時代は終わったのだ。わたしたちは数々のルールとともに「布地の時代」（実際にそう呼ばれている）に突入した。身体をカバーできる範囲や（男性は膝からウエストまで。女性は膝から肩まで）、布の厚みが制限され（浮くのを助けてくれる浮力の発生を防ぐため）、そしてファスナーは禁止。さらに、びっくりしないで！　うろこも禁止された。

スピード社の二〇一二年対策は、新しく特許を取ったライクラを女性用には臀部《でんぶ》、胸、脚を、男性用には下半身のみを圧縮するために部分使いし

「ファーストスキン」のセットを着用したナタリー・コーグリン

たコンプレッションウエアだ。今回、その水着は史上初めてスイムキャップやゴーグルと完全にコーディネートされた「ファーストスキン」という名の競泳用一式の形で提供された。これはアクアラブのトム・ウォーラー博士によると、水が選手の身体の上をなめらかに流れるよう計算されている。「まずスイムキャップが水流をスムースにゴーグルに引き渡します。水は手の指先からつま先まで、いっさい遮られることなく体に沿って流れます」。結果、実効抵抗は五・二パーセント減少すると主張する。

この新しいスイムスーツの発表会で、スピード社USAのジム・ガーソン社長は、同商品のモデルを務めたオリンピック選手たちをじっくり眺めて、満足げに言った。

「みんな、なんて恐ろしく見えるんだ！」

自由形チャンピオンのライアン・ロクテはこの脅威をロンドンオリンピックに持ち込む。

ビーチで完全被覆。1895年

「これを着ると、世界を手玉に取る準備の整ったスーパーヒーローになった気がするよ!」

長年にわたりミニマリズムに向かって跳躍していった水着業界で、選手たちが今、修正版ロングジョン(ウェットスーツ)のようなつなぎ型を好むのは実に皮肉だ。近代の水着の推移は、女性用はブルマーからビキニへ、男性用はバギーパンツからバナナハンモックへと、ひたすら布の分量を小さくしていく物語だった。しかし、ヴィクトリア時代の慎み深さが定めた制限から人々の肉体を解放していく闘いは、実にじれったかった。ヴィクトリア時代には、海水浴をする女性は、水辺よりむしろ教会に行くのにふさわしい布やデザインの服を着なければならなかった。グレーのフランネルのズボンに手首まである長袖のトップス、たっぷりしたスカートにセーラー型ブラウスや袖の膨らんだサージやモヘアの黒い上衣など。

一九〇五年に、そんな情景を目にした女性が「上品ぶった隠すファッション」だと非難した当時の「多量の服を着る流行」はけっして健康的ではなかった。彼女は「特にアメリカでは、陸の上でならとても衆目にさらせない異様な服装が、水中ではまったくグロテスクだとは思われないようだ。帽子、靴、ストッキングさえもが、人によっては海水浴と呼ぶ例の男女入り混じったピクニックで着用されている……この分ではやがてわたしたちは、自分自身の身体を見るのを恐れるがあまり、

水浴車。ベルギーの海岸、1890－1900年頃

自宅の風呂に入る前に服を着なさいと言われかねない」と書いている。

ヨーロッパの人々、とりわけフランス人とイギリス人が海岸で行ったことは、「ちょっと水に浸かる」というアイデアに新しい意味を付け加えた。事実、彼らは車輪付きの密閉された箱型「水浴車」で浜から波のある場所まで一気に運んでもらい、〝ディッパー〟により、文字どおり水に〝浸けられた〟のだ。馬が引くこの個室では、品のよろしい淑女が、完璧どころか厳格にプライバシーが守られた空間で、街着から同じくらい嵩張《かさば》る海水着一式に着替えることができた。さらに、人目に触れずに海に滑り込めるよう、屋根からはキャンバス地の日よけがくねって海面まで下りていた。恥辱から逃れるこの避難場所には、しばしばディッパーと呼ばれるたくましい男が付いていて、水が苦手な人々を数分間、心地よい波のある海水に浸けていた。ジェーン・オースティンがこれを楽しんだことは有名だが、王族も同様だった。男たちもこれを利用したが、彼らは裸で泳がなければならなかった。

水浴車はアメリカよりも他国で圧倒的に人気があったので、ロシア人のプリマドンナ、イーダ・ルビンシュタインは一九一五年にニューヨークのパレスシアターでの出演を依頼されたとき、「海の中に引かれていって、控えめではあっても適切に海水浴をさせてくれる、車の付いたわたし専用の小さな家」を要求した。マダム・ルビンシュタインがとりわけ心配だったのは、フランスの海岸では自由に着ていた「ワンピース型の海水着の着用がアメリカ人の慎ましさにより禁止される」可能性だった。

水浴車

前後にドア、サイドの高い位置に小さな窓があり、下部がベンチになった、車輪付きの木製で快適な自分専用の小部屋を想像してほしい。海水浴客は木製の階段を上って個室に入り、ドアを閉めて服を脱ぐ。その間、ガイドは海側の端に馬をつなぎ、車を引っ張って水面が個室の床すれすれになるまで海に入っていき、馬

を反対側につなぎ直す。

客が裸になってドアを海に向かって開けると、そこにはガイドが待機している。客は（男性の場合）頭から海に飛び込む。泳ぎ終わると、あらかじめ移動しておいた階段を上って個室に戻り、のんびり元の服に着替える。その間に馬車はふたたび乾いた浜まで引き上げられるので、客はドアを開けて階段を下りるだけでいい。

着替えを手伝う召使が必要なほど客に体力がない場合や、病気の場合に備えて、個室にはゆうに六人が入れるだけのスペースがある。水中でレディの世話をする女性ガイドや女性客は海用にフランネルのワンピースを着る。他にも彼女たちには礼節を尊ぶための利便が提供されている。水浴車には個室の海側の端に日よけが付いているものもあり、客の姿をあらゆる視線から守ってくれる。

……水浴車は潮がある高さの時間帯にしか使用できず、しかもそれは日々変わるので、ときに客はとんでもない早起きを強いられる。わたしはといえば、運動としての水泳を愛しているので、器具の手続きに煩わされることなく、どんな潮のときにも海を楽しんでいる。

——トビアス・スモレット『ハンフリー・クリンカーの探検』一七七一年

「アネット・ケラーマン」で検索してみてほしい。オーストラリア人の水泳チャンピオンだった彼女は、長年、自分で作ったレオタードを着用した。これは袖なしで深いラウンドネックの、体にぴ

アネット・ケラーマンの完璧なボディ

ったり張りつく、男性の競泳用水着のようなつなぎで、脚を完全に覆うストッキングはないときもあった。

メルボルンのヤラ川で、フランスのセーヌ川で、さらにイギリス女王の御前水泳を行ったテムズ川でさえ、それは役立った。しかし、遊園地やヴォードビル・ショーの演目にその人魚のような泳ぎを加えるためアメリカに呼ばれた彼女は、ビーチを一目見ただけで息をのんだ。

「ここの女性たちは、靴やストッキングや、ブルマーにスカート、パフスリーブのオーバードレス、セーラーカラー、人によってはきつく締めつけるコルセットまでつけて、どうやって泳ぐのだろう? そういえば、誰一人、ほんとうに泳いではいなかった。みんなただ、水の中に歩いて入ったり出たり、ただ波に揺られていただけだった」

彼女自身の報告にのみ基づいた有名な逸話だが、一九〇八年にボストンに近いリヴィア・ビーチで泳ごうとしたときのことだ。彼女のむき出しの脚は即座に警官の目に留まり、法廷に連行された。だが、「一本の物干し用ロープに干せるより多くのものを身につけては泳げません」という、彼女が繰り返し使った抗弁に裁判官の心が揺れ、ボストンハーバーで四・八キロを泳ぐという刑だけ

脚に巻き尺を当てて計る。スカートの裾と膝の間は15センチ以下という決まりがあった。ワシントンDC、1992年

で釈放となった。この話は新聞記事や法廷の記録には残っていないが、それがもたらした結果は、正真正銘、水泳の歴史に名をとどめる。アネット・ケラーマンは女性たちの水着に対する、そして水への取り組み方に対する考え方を永久に変えた。それはアメリカの日刊紙で簡単に追跡できる。新聞はそういったものが大好きだった――水着を着た女性の写真ならどんなものでも一面を安全に飾れる一種の合法的な覗き見だからだ。今なおそうだが。

ケラーマンは、泳ぐときとパフォーマンスをするとき以外はバスローブをまとうと同意することで法に譲歩したと語っている。また、膝をタイツで覆い、ウエストに薄い布の切れ端を結ぶ方法で見る人に全身を覆っているとの錯覚を与えていた。このようにケラーマンは錯覚を与えることに非常に長《た》けていた。ヴォードビルで、それからハリウッドで、目覚ましいキャリアを築き、彼女の身体のさまざまな寸法がミロのヴィーナスのそれに最も近いと確信したハーバード大学教授により「完璧な女性」の称号すら授かった。彼女の行動は時にスキャンダラスで、しばしば生意気ですらあったが(「ここでの売りものはお尻です」。スイミングタンクに多くの鏡を取り付けて、彼女は説明した。「だから百のお尻は一つよりいい!」)、それは女性たちに自分たちにも何ができるかを教えた。

巻き尺を手に警官がビーチをうろついて、一センチも余分に肌が露出していないかを確かめて回っていた時代に、彼女の水着は革命を引き起こした。

やがてスカートの裾は上がり、手や脚や首やへそが太陽にさらされるようになった。タブーはなくなり、新しい軽量素材が開発され、女性の曲線を包んでいた八メートルの重いウールは、むしろそれを見せびらかす、身体に密着する一枚のするりとした合成繊維にしぼんだ。スポーツライターでのちに小説家に転向したポール・ギャリコが書いているように、アネット・ケラーマンの画期的な水着のおかげで「レディというものが単に大量の服で作り上げられたものであったと証明された」

一時期、水着には男女の区別がなく、ただ女性用には男性が身につけているものとまったく同じに見える腿までのショーツに、スポーティで小さなタンクトップが付いていた。わたしがそれを知っているのは、ニュージャージーのビーチで撮った、そっくりに見える二人の洒落者《しゃれ》の黄色くなりかけた写真があるからだ。それはわたしの父と母で、二人はまさにそのような水着を着て、とても粋に見える。

一九三〇年代末になるころには、男たちは肌着風のトップを脱ぎ捨てることを許された。そして、ハリウッド文化が女性用水着の肌を覆う部分をだんだん小さくし、胸の谷間をより露出する方向へと向かわせた。女優のベティ・グレイブルは、水着は後姿もセクシーになれるかという問題に永久に決着をつける挑発的なルックで、戦場に向かうアメリカ兵を鼓舞した。

続く第二次大戦の終結は布地の配給制度の終わりを意味したにもかかわらず、デザイナーたちには水着に使う布地の量を増やす気はさらさらなかった。彼らは胸の谷間や肌のより大きな露出を好んだ。それどころか、咎《とが》められないなら何でもする気でいた。

「女性はブルマー着用のこと」とある看板

一九四六年、アメリカ合衆国がビキニという名の太平洋環礁で水爆実験を行った直後に、スイス人エンジニアのルイ・レオールとフランス人デザイナーのジャック・エイムがほぼ同時に、女性の身体の戦略的な部分のみを覆い隠す小さな当て布を制作した。縫う箇所は多くなかった。誰かがこの新しい小さすぎる水着を、おそらく地球という惑星に与えたその衝撃の大きさから「ビキニ」と呼んだ。ブリジッド・バルドーが映画のなかでそれを着たとき（そして、脱いだとき）、それをスピード社の水着と見間違える人はいなかった。当時、〈ハーパース・バザー〉誌にいた比類なき辣腕《らつわん》編集長ダイアナ・ヴリーランドは、ビキニを「原子爆弾以来の最も重大な発明」と位置付け、「悩殺水着」と呼んだ。のちに、それは「女性について、母親の旧姓以外のすべて」をあらわにするものであると冗談交じりに語っている。

だが、そのような大々的な露出はアメリカ女性に少なからぬ苦悩をもたらした。一九六〇年代に発売された〈ビキニスタイルのお嬢さん〉という歌では、初めてビキニを着たお嬢さんが恥ずかしさのあまり、まずロッカールームに隠れ、次にタオルに隠れ、それから人の目を避けて水中に隠れている。だが、この歌がポップチャートのトップに躍り出たことは、ビキニが定着する確かな兆《きざ》しであった。

母のシャーリー・シェール、ニュージャージーのビーチにて。1920年代

その後には、トング(Tバック)、トップレス、終わりに〝i n i〟の付いたビキニの変形など、そのままずばりの名のついた次世代の水着が続いた。メーカーはボディラインを作るために硬い〝ボーン〟を入れ、可愛くするためにフリルを付けた。やがて、慎み深さを象徴したパネル――股の部分が透けて

スウッシュ（ナイキのロゴマーク）やポロプレーヤー（ラルフローレン）が登場するまでは、ジャンセンの飛び込む女性スイマーのマークが水着の隅に付いてさえいれば安心だった

見えないようにカバーする細い当て布——さえ取り除かれた。だが、モラルの弛緩と同時に、それまであまりに多くの女性たちを水から遠ざけていた抑止力もはぎ取られた。

一九一七年、仕事後のスイミングを楽しんでいたシャーロット・エプスタインという法廷速記者が、ニューヨークで婦人水泳連盟を創設した。これは女性水泳選手を訓練する種類の、アメリカ初の組織だった。エプスタインは次に女性たちも競泳に参加させるよう全米体育協会を説得したが、これも過去に例のないことだった。

そして、女性選手のスピードアップのために——これはケラーマンの水着以来、お定まりとなっていたレギンスを取りのぞくことを意味したのだが——エプスタインは彼女のもとにいるスター選手のエセルダ・ブリーブトライとシャーロット・ボイルの二人を、さらにストッキングなしでブルックリン・ビーチに登場させた。予定どおり、彼女たちは「裸体での水泳」のかどで逮捕されたが、報道と一般大衆の抗議がこの一件に白黒をつけた。彼女たちは留置場からも、ストッキングからも、永久に解放された。

エプスタインは非常に独創的な女性だった。女性が参政権を獲得するに至る年月には、運動資金を募るための水泳大会を企画した。そして一九二〇年、米国オリンピック委員会が女性の参加を許可した八年後に、アメリカ初となる女性水泳選手のオリンピック出場交渉を手伝った。また、そのチームの監督も務めた。六年後、ドーバー海峡を泳がせるために、彼女はスター選手の一人を選んだ。その名はガートルード・エダール。

前時代の繊細で優美な女性のイメージとはなんという違いだろう。水泳好きの大統領の一人、セオドア・ルーズベルトは、個人的な友達や政府関係の友人たちとともに、ポトマック川で一泳ぎしようと裸になったことがあった。誰かがフランス大使に手袋を取っていないことを指摘した。「これはつけておくよ」と、大使はいかにもフランス人らしく応じた。「ばったりレディに出会うかもしれないだろう!」

水中で何をつけるかは各人のニーズによるが、ゴーグルは誰もが必ずつける。これは一九七〇年代まではほとんど知られていなかったし、オリンピック選手は一九七六年まで着用を許されていなかったくらいだが、シートベルトが車の乗り方を変えたように、ゴーグルはスイマーのワードローブを革命的に変えた。今日、ゴーグルなしで水に入る人などいない。

競泳選手は硬いプラスチックレンズの小さなゴーグルをストラップで顔にできるだけ密着させる

ことを好む。彼らもまた、わたしたち一般人ほどうるさく言わないが、ゴーグルには悩まされている。ある元自由形選手は、眼窩《がんか》にきつくはまるゴーグルが眉下に引き起こすカルシウム沈着からくる痛みに耐え続けなければならなかったと話す。それは偏頭痛のような痛みだそうだ。

わたし自身はパーフェクトなゴーグルを見つけるのに何年も費やした。いくつかは水が入ってきた。いくつかは閉じ込められているように感じた。どれもが痛く、目のまわりに深い輪の跡を残した。ついにわたしの顔の形にやさしく乗る心地よいブランドを見つけたと思ったこともあったが、どれも装着感は安定しなかった。最終的にはアクア・スフィアの少し大きめのモデルに、ゴーグルに関する限り真の満足を見出した。これは比較的パノラミックな視野を与えてくれ、さらにいいことに、はずしたあともアライグマのような顔にならない。

ときに水着は敵となる

アメリカの人気テレビ番組〈となりのサインフェルド〉の「ザ・ハンプトンズ」というサブタイトルの回はこんな話だ。

ジョージがプールで一泳ぎしたあとに着替えていると、ジェリーの恋人が誤って更衣室に入ってきた。裸の彼を一目見るなり、彼女はハッと息をのんだ。だが、視線を下に移したとたん、くすくす笑い出し、謝りはするものの、さほど悪びれている様子も見せない。そして、依然含み笑いをしながら、部屋から飛び出していった。ジョージは自分自身を調べ、くやしさのあまり悲鳴を上げた。女どもめ、やつらは収縮の科学を理解していない。すべては冷たい水のせいなのに。

氷のように冷たい水と強い北風に最初のヘレスポントス横断泳を阻まれたとき、バイロンは「レアンドロスの性愛は、楽園への道中に冷えきることはなかったのだろうか」と不思議がった。コニーアイランドの〝ポーラベアたち〟は氷のような大西洋に飛び込む前にこんな歌を大声で歌うことで知られている。

「収縮は来て、収縮は去る。月曜の朝には誰も知らない」

これはバイロンの詩の引用ではない。

フィンはフリッパーより短く、脚力を増すのにとても便利だ。それから音楽など、何か聴くものも役に立つ。いちばん小さなｉＰｏｄ用に防水ケースを買い、ラップスイムをする間にシリーズもののオーディオブックを再生してみた。わたしはたいてい、日常の単調な仕事から離れたいときに

は古代史を題材にした小説を選ぶ。しかし、聴こえ方は問題ないが、イヤホンはけっしていい具合に密着せず、上腕のケースにつながれたワイヤーは、わたしは人魚だとの幻想を打ち砕く。結果、考えごとの材料が尽きるまで、それは使わないことにした。

そういえば、ラップ数は何か大きなことを夢見心地で考えているときには腹立たしいほど簡単にわからなくなってしまうのだが、その問題はスポーツカウント・クロノ一〇〇という賢い小さな指輪で解決した。壁に着くたびに親指でボタンを押せば、電子表示で総距離やかかった時間が表示される。このうえなく便利だ。

「仏教徒やハーレ・クリシュナ教徒のなかには、これで祈りの数を数える人もいますよ」。自身、いつもラップ数がわからなくなったのでこの装置を考案したというワシントンDCで歯科医を営むバーナード・フィッツモリスが言った。「妊婦の陣痛のタイミングを記録するのにも使われていると聞きます。一回一回の跳ね戻りにかかる時間を計測するために、まとまった数を注文してきたバンジージャンプ・クラブもありました」

しかし、屋内スイマーを楽にする新しい道具がいろいろ出ているにもかかわらず、髪の問題を解決してくれた人はいない。塩素は髪から色や艶を奪う。ラテックスは毛包を破壊するだけでなく、わたしたちをどうしようもなく醜く見せる。スイムキャップが改善される見込みはないのだろうか？　人間を月に送ることのできる技術があれば、素敵なスイムキャップくらい作れるはずだと誰もが思うだろう。ところが、そうはいかないのだ。

問題は、スイムキャップが髪の毛を濡らさない目的でデザインされてはいない点にある。その目的はプールの排水溝に髪の毛がたまらないようにすることと、スイマーを流線型に保つことにあるのだ。男性用も同じ。でも、絶対に何かましな方法があるはずだ。

エスター・ウィリアムズは消えることのない笑顔と波にも揺らがないヘアで、この問題の解決を簡単に見せる。だが、彼女の行った準備は非現実的だ。まず特製のクリームメイクで化粧をし、パウダーをはたき、ミストで固める。ヘアには「車に注《さ》すのに適しているように見える」温めたベビーオイルとワセリンの調合物をべっとり塗ってから三つ編みにし、さらに三つ編みの着け毛をピンで止めて固定した。「ヘアとメイクを終えたときには、わたしはマガモのようにウォータープルーフになっていました」と彼女は記している。

多くのアフリカ系アメリカ人女性にとって、髪の毛は水に入ることへの大きな障害であり続けた。「わたしのような育てられ方をした……つまり都会で育った黒人の大半がそうだけど、水は苦手なの」。マーサ・サウスゲートの小説『塩の味』の水泳をする主人公ジョシーの台詞だ。理由は「ヘア、お金、時間、機会の少なさ」だけど、いちばんはヘア。ジョシーはコーンロウ（地肌にぴったり付けて編んだ細い三つ編）を切り取るという方法で問題を解決する。「頭を解放するために……もう二度と髪はのばさないわ」と言っている。サウスゲート自身も同様にしたが、それはめずらしいケースだ。

トレーシー・ローチは五年生から九年生まで水泳選手で、フロリダ州フォートローダデールの学校でバタフライと自由形のチャンピオンだった。「わたしがメダルを取ったとき、両親はとっても誇らしげだった」と振り返る。だが、高校に上がると水泳はやめてしまった。「ファッションや服

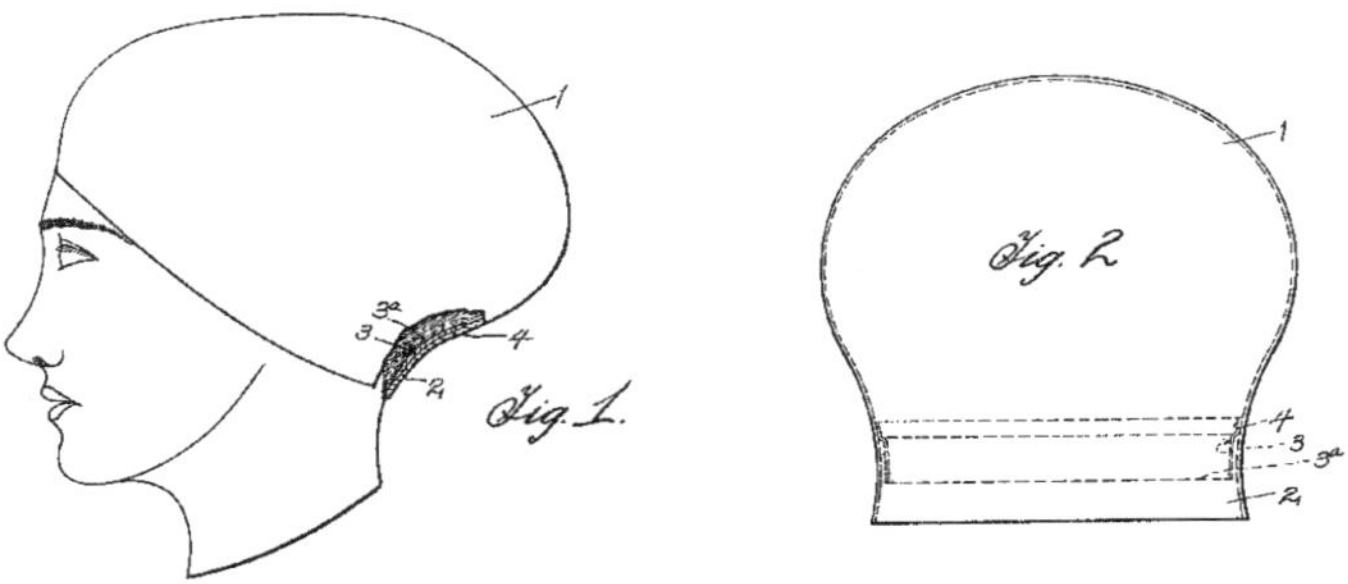

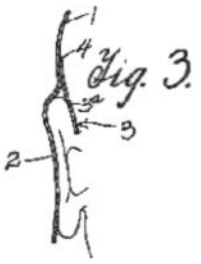

1922年にアナ・ボールドウィンが特許を取った「ほぼ完全に水分を締め出す」と謳ったダブルシールとフラップ付きスイムキャップ。知られる限り、商品化はされなかった

に興味をもち始めるでしょ。もう、あんなことやってられない！って思ったわ。それで水泳はやめてバレーボールに転向したの」。もう髪の毛を濡らすことなんてできないという意味だ。

彼女は今もなお、濡らしていない。多くのアフリカ系アメリカ人女性同様、さんざん苦労してまっすぐにした髪を台無しにするのがいやで、水には入れない。そのプロセスには二、三時間もかかるのだ。だから彼女の小さな息子と娘は泳ぐが、彼女は水に入らない。「今はカーリーヘアが流行っているから、娘には問題じゃないの」と言う。だったらなぜ彼女もカーリーにしないのか？

「とんでもない！　ここは湿気が多すぎるわ」。ローチは彼女が暮らす州の、コインランドリー並みに湿度の高い気候を正確に描写した。もし髪を整えたばかりのときに、子供たちがビーチに行きたがったらどうするの？「ビーチには行かないわ」という返事。わたしはなおも食い下がった。頭を水から出したまま泳ぐことはできない？「それはだめよ。だんだん泳ぐのが楽しくなって、つい潜ってしまうもの」

フォトローダデール市理事会でアシスタントをしている彼女にとって、水泳は今なお気持ちを揺さぶるものだ。「わたしは水が好きなの。ほんとうに大好き」考え込みながら言う。「爽快だし、リラックスできる。心が落ち着くわ。もし髪のことを気にせずに毎日泳げる方法を見つけられれば、きっと……」

一財産作れるだろう。

8　沈むか、泳ぐか

「誰かが溺れた海峡をあなたは泳いで渡ろうとしているのね？　つまり、それが目的？」
　ギリシャ神話に詳しくない地元の友達にそう言われたとき、わたしは思わず、世の中には話のわからない人もいると結論を出すところだった。そのうち、それが非常に鋭い質問であることに気づいた。そもそも、なぜレアンドロスはヘレスポントスで溺れたのだろう？　なんといっても彼は、ローマの詩人オウィディウスの想像によると、あの距離にもかかわらず、夜ごと、自信にあふれたストロークでヘロのもとまで泳いでいった有能なスイマーだったのだ。

そのとき、両腕が疲れてきた、肩のところ、
身体をしっかり浮かせる、波の上高く……
すると、突然、強さが疲れた腕に戻ってきて、
そして、波はおだやかになった。

愛がわたしを助ける、はやる心を温める……
元気が出て、対岸が近づいてくる……

しかし、そうならない日がやって来た。レアンドロスの死は神のお告げであり、宇宙の摂理を乱さぬようにとの、また、神の権威を損なわないようにとの、人間に対する訓話であると解釈する人もいる。または、おそらくそれはただ禁じられた恋のさだめで、始まったときから悲劇的な終わりを迎えるよう運命付けられていたのだと読む人もいる。または、それを、今なお続く東西大陸間の紛争の象徴だと見る人もいる。すると、キュラソー島のスイミングキャンプに参加していたある男性がその話を聞き、二一世紀の力強さでもって、それが意味するところは明白だと結論した——つまり、夜には泳ぐな。そして、絶対に一人で泳いではならない。

それは、この金色に輝く午後に、スイマーでいっぱいの海であっても、わたしが喜んで従う素晴らしいアドバイスだ。わたしたちが横断しているこの安らかな海が、一人のニューヨークのスイマーの前で瞬間的に暴力的になるパワーをもっていることを、しっかり心にとどめて。

「水を恐れない者は愚かだ」アーニー・バージェスが言った。「大いなる敬意を抱かなくてはならない。人がどんなに簡単に溺れるかを知らなくては」

バージェスはメイン州で〝ロブスターマン（ロブスター漁師）〟を、六八年の人生のうち五八年やってきた。初めはロブスターボーイだったのだろう。海で生計を立てているにもかかわらず、泳げない人がやたら多いのはなぜかと訊いてみた。

「ほんとうだ」。そんなことは一度も考えたことがないと言いながら、その質問をおもしろがる。「でも、なぜだかはわからないな。運命論者的な人生観のせいか、それとも子供のときに習わなかったのか」。クックックッと笑う——そのシリアスなテーマに対してではなく、三代目のロブスターマンである彼自身の生き方に対して。「いや、おれは泳げるよ。あまりうまくはないが三、四分なら浮いていられる。どちらにしろ、そのくらいしかもたないだろうからね」

それは海水があまりに冷たいからだ。彼の仲間も何人か溺れた。そして、彼自身、七人を引っ張り上げて助けている。だが、朝から晩まで水上で過ごし、チェビーグ島の内外に八〇〇個のロブスター用わなかごを仕掛けているバージェスが楽しみのために泳ぐことはない。暖かくなる夏にさえ、メイン州のロブスターマンが平泳ぎを練習している場面には出くわさないだろう。「おれたちはいつも、できるだけ陸の上で過ごそうとしているから、そいつは絶対に思いつかないことだな」。彼は言う。「もし海に入ったら、たぶん、ろくなことにならないだろうよ」

二〇〇八年、アメリカでは事故による溺死で四〇五八人の命が失われた。一日に一〇人以上だ。いちばん多いのは一歳から四歳の子供。五歳から一四歳のアフリカ系アメリカ人も犠牲になりやすい。最近の調査によると、白人の子供の四〇パーセントに比べ、少数民族《マイノリティ》の子供では六〇パーセントが泳げない。そして、少数民族が溺死する比率は、白人のそれの少なくとも三倍である。

北京オリンピックで二つの金メダルを獲得したカレン・ジョーンズは子供のときに溺れかけたこ

カレン・ジョーンズのレッスンにびっくり。シュリーブポート、ルイジアナ州

とがある。それはウォーターパークで約一分間沈んだままという恐怖の体験だった。泳ぎを覚えたことは彼の人生を変えた。今日、彼はUSA水泳財団が始めた、少数民族の子供たちを文化的なステレオタイプ化を越えて水に入らせようとする「メイク・ア・スプラッシュ」という組織のために、全米を回っている。

マンハッタンのグリニッヂ・ヴィレッジにある小学校に会いにいくと、ジョーンズは熱心な顔を向ける聴衆に対し、ウケを狙って、スピードの水着をどう思うかなんていう質問をしていた。

「ピッチピチのを着た白人」。少年の一人がくすくす笑いながら答えた。

次にジョーンズは光沢のある黒いナイキのスニーカーを脱ぎ、子供たちに、それはただでもらったものだと自慢した。「水泳のおかげで靴がもらえたよ」と。

どんなやり方でも効果が出ればいい。少数民族のコミュニティ内での施設の充実と教育的福祉から着手すべきだと提案する人たちもいる。どちらにしろ、少なくともある調査によると、スイミングレッスンは溺れることによる致死率を八八パーセント引き下げる。すべての都市に運河が張り巡らされているオランダのような国では、水泳は子供にとって必須だ。

スイミングスクール

ハーバード大学の学位を取得するのはいつだって難しい。かつてそれにはスイミングテストでの合格も含まれていた。けれども、一九七二年にはそのような学生たちの安全に対する配慮が、あわや政治的キャンペーンを脇道にそらしかねない出来事があった。

アルバイトで民主党の大統領候補ジョージ・マクガヴァンの世論調査員をしていた四年生のパット・カデルがきわめて重要な六月の予備選挙のためにカリフォルニアに滞在していると、大学のルームメイトから電話があった。学部長の事務室から電話があり、カデルは二週間後の卒業式では卒業できないとのことだった。スイミングテストを受けるのを忘れていたからだ。

「これにはパニックになったね」。カデルはのちに振り返る。幸運なことに、キャンペーンには彼にこの危機を乗り越えさせようとする、独創的でうぬぼれの強い人間が何人もいた。

結局、カデルはロサンゼルスのウィルシャー・ハイアット・ハウスの屋上プールでテストを受けることになった。そして、彼のコーチは〈ローリング・ストーン〉誌のためにスクープを追っていた、のちに映画〈GONZO―ならず者ジャーナリスト、ハンター・S・トンプソンのすべて〉のモデルとなるトンプソンが行うことになった。「彼はグレイトフル・デッドのTシャツにホイッスルというでたちで現れた」とカデルは語る。二人のピューリッツァー賞受賞者（〈ワシントンポスト〉のコラムニスト、メアリー・マクグローリーと、作家のセオドア・H・ホワイト）、さらに大勢のジャーナリストも証人としてやって来た。「それで、ぼくは泳ごうとしたんだけど――」とカデル。「彼らときたら、しゃべったり、賭けをしたり。ハンターはぼくに向かって金切り声を上げているし。こっちは溺れそうになったよ、あんまり激しく笑ったもんで」

水泳の神もまた微笑んでいた。カデルは合格し、シャンパン付きのランチで祝った。今日、彼は孫といっしょに泳ぐ。ハーバードはもうスイミングテストを義務付けていない。

水に対する恐怖やプールのなかでの愚かな振る舞いには根深いものがあるかもしれないと、ニューヨークのある精神科医は持論を展開する。
「しばしば水泳の場で何ができないかにより、その人が発達段階のどこで止まってしまっているかを知ることができます。浮くことができない人は、信頼と親密さに問題を抱えている場合が多い。

また、発達の過程のどこかで引き止められた人のなかには、プールサイドにつかまってしまう、もしくは足を底から離すことができないといった人がいます。これは母親のエプロンの紐から手を離すことができないのと同じ。一か八かやってみるということができないのです」

それは初心者にも、泳ぎの達者な人たちにも、同様に見られる。「顔を水に浸けることは、次に起きることを自分でコントロールできないという感覚と結び付いているのかもしれません。息継ぎのために頭を回転させなくてはならないということは、安全ネットなしで綱渡りをするようなものです。すべて同じ恐怖です。足元をすくわれるという」

詩人のパーシー・ビッシュ・シェリーは一度も水泳を習ったことがなく、海で溺死した。だが、スイミングレッスンがすべてを解決するわけではない。風呂でだって溺れることはある。バスタブに頭から落ちてしまう人もいるのだ。優秀なスイマーたちにも事故は起きる。ドーバー海峡を完泳した八年後に、経済困難に陥ったマシュー・ウェブは、破れかぶれで宣伝のため、ナイアガラ瀑布《ばくふ》のすぐ下の危険きわまりない川で泳ぐと公言した。彼はすさまじく回転する渦巻の直前で、旋回しながら激流にのみ込まれていくところが最後に目撃された。死体は四日後に水の重さに押しつぶされた形で発見された。

危険なのは乱流のみにあらず。テキサスでかつてコーチをしていたジョージ・ブロックは、世界中で急成長を遂げているオープンウォーター・レースの水質と水温に不安を感じている。「世界でもトップクラスの若い選手たちが、突然吐き続けるといったことがあって、死ぬほど心配させられましたよ」と話す。「特にわたしがコーチしていた年齢グループでね。妊娠出産年齢にある未成年の少女たちが、詳しくはわかりませんが、化学的または生物学的な汚染にさらされていたのでしょうね。したがって、この問題が解決されるまで、オープンウォーター・レースは一時的に中止すべきだと感じました。でも、金銭とオリンピックのメダルと国の威信がかかっている」。そして彼は世界的に尊敬されたマラソンスイマーのフラン・クリッペンが二〇一〇年のレース中に亡くなったドバイの大会に言及した。「あそこの問題は高すぎる水温にありました。今、それは簡単に計れます。わたしが不安を抱くのは、水温を計れない他の場所です。それと、まだ知られていない長期的な悪影響についても」

NYCスイムのモーティ・バーガーのような、こういったレースの責任を負う主催者は、潮流から水温、ルート上の漂流物の量まで、あらゆるものを注意深くモニターしている。低体温症に対しては特にレーザーのように鋭い注意を払っている。彼がきわめて困難なレースの途中で、あるスイマーを摂氏二〇度の水から引き上げるよう命令しているところを目撃したので、どうやって問題を発見したのか質問した。バーガーは典型的な症状を列挙した。

「唇は紫、顔面蒼白で、ストロークのペースは落ち、方向感覚を失っていた」
件《くだん》のスイマーはただちに手当てを受け、回復した。

水とその潜在的破壊力に対する理解が重要視されるようになったのは、ほんの一世紀半前からだ。船旅の時代の初期には、溺死はぞっとするほど恐ろしい公衆衛生上の問題だった。一八五五年から一八七五年の間に、船の難破によりイングランド沿岸では三万三〇〇〇人以上が命を落としている。

アメリカでは年におよそ九〇〇〇人が溺死していた。一八七五年のある暑い七月の一週間に、ニューヨーク一都市だけで一四人が溺れ死んだ。新聞の社説は、監視の強化と公共のスイミングレッスンを呼びかけた。〈ニューヨークタイムズ〉紙には「泳ぎの練習がもっと一般的にならない限り、溺死する人の数はおびただしいものになるだろう。大多数の人が泳げないといっても、けっして誇張ではない」とある。

水を愛し、泳ぐことが息をするのと同じくらい絶対不可欠な目録編さん者ラルフ・トーマスは、チャールズ・スティードマンというオーストラリア人による「検視官の〝溺死〟という結論は、『犠牲者の受けた身体教育で最も重要な部分、すなわち〝水泳〟が完全に無視されたことにより引き起こされた死』に変更されるべきだ」という提案を称賛した。「泳げなくて溺れていたところを助けられた人は、救助人に財産の一〇分の一を渡すことを強いる法律があってしかるべき」という提案はさらにいい。

やがて、二つの特別に悲惨な海難事故が、ついに役人を突き動かした。

一八七八年、ロンドンのテムズ川を遊覧航行中だった外輪汽船SSプリンセス・アリス号が石炭船に衝突され、真っ二つに裂けるという事故があった。犠牲者は六五〇人以上にのぼったが、多くは川の不潔な汚水が原因の中毒死だった。乗船していた女性客三三九人のうち、助かったのはたったの一人だった。

一九〇四年には、旅客用蒸気船ジェネラル・スローカム号が、船首部で起きた火災の木製デッキへの延焼により、ニューヨークのイースト・リバーに沈没した。それは二〇〇一年九月一一日に同

BASEBALL
RACING and SPORTS

The EVENING EDITION World.

FINAL
RESULTS EDITION

LIST OF SLOCUM'S DEAD NOW MAY REACH 1,000

LIST OF THOSE KNOWN TO HAVE PERISHED

Some of the Victims Who Met Their Death on the Steamer Gen. Slocum, Which Caught Fire When Loaded with Excursionists.

GENERAL SLOCUM AFIRE AND SINKING

Bodies of Women and Children Still Coming Ashore at North Brother Island and Other Points Around Hell Gate — Fire Caused by the Overturning of Pot of Grease in the Galley.

ESTIMATE OF DEAD, AND WHERE FOUND

Pastor Haas, of St. Mark's Church, estimates number of dead at	800
Police Inspector Brooks, directing the rescue work, estimates	1000

Bodies have been picked up as follows:

North Brother Island	128
Alexander Avenue Station	37
Tug Fidelity	88
Riker's Island	50
Oak Point	16
Total	319

CHILD IN PADDLE-BOX CALLED FOR "MAMMA"

Little One Was Lying Alive on Pile of Dead When Rescuers Extricated Bodies Tangled Among the Blades of Huge Wheel.

54 BODIES TAKEN TO POLICE STATION.

WORLD OPENS BUREAU TO AID SURVIVORS.

ジェネラル・スローカム号の沈没を報じる記事

時多発テロ事件が起きるまで、ニューヨーク史上、最大の死者数を出した大惨事であり続けた。ボリュームのあるスカートとペチコートのせいで近くの岸までも泳ぐことができなかった数百人の女性を含む一〇二一人が犠牲となった。

二つ合わせて、これらの事故（殺人だと呼ぶ人もいた）が、乗客の安全のための船上規則や、女性も水泳を習うべきで、女性用水着は水中により適した形に削っていいとする新たな規定など、いくつかの改革をもたらした。さらに初めて、正式な救命テクニックの必要性に対する公的な合意があった。

「救助でいちばん難しいのは、相手を浮かせ続けることです」と説くのはジョン・ライアン・シニアだ。「したがって、ビーチでの原則は、もし溺れかけている人を発見

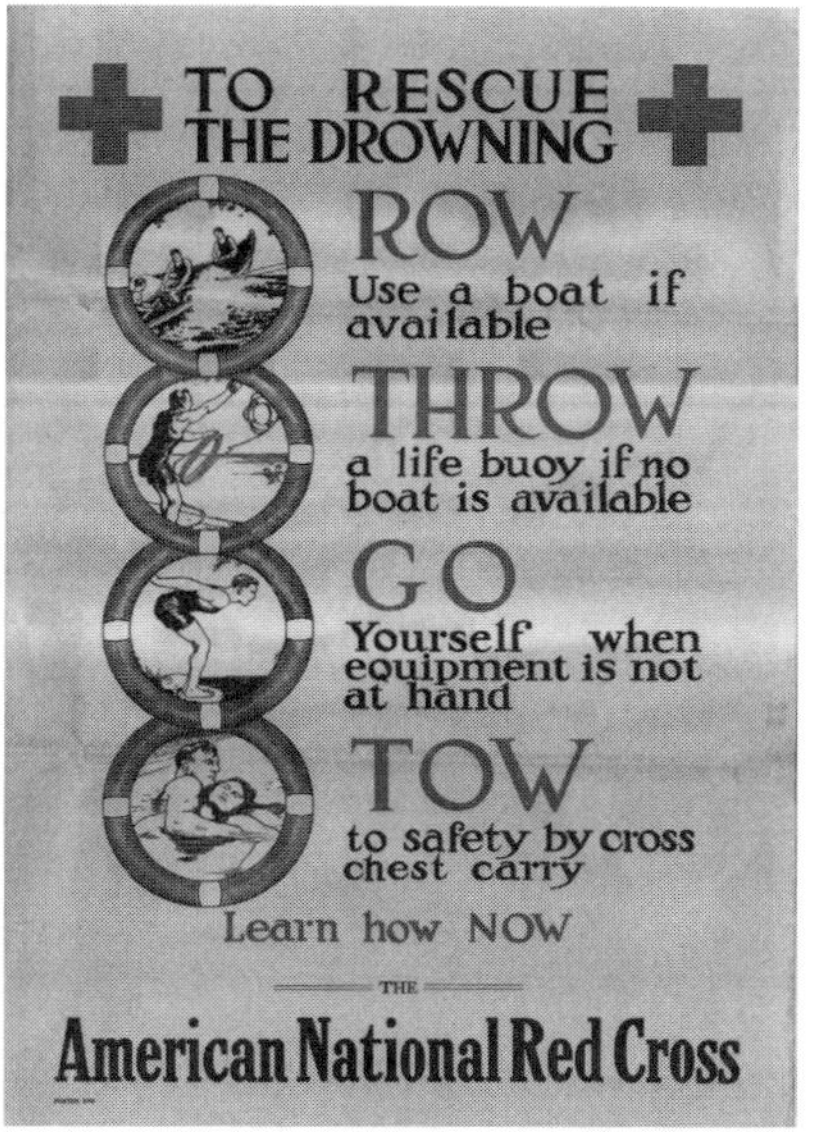

アメリカ赤十字による救助法

し、あたりにライフガードがいなければ、まず九一一に連絡して、溺れている人には浮き具を投げる。わたしたちは五分以内に駆けつけます」。彼はニューヨーク州イースト・ハンプトンの「ジュニア救命プログラム」について話す。それは、水の安全に努めてきたアメリカ赤十字その他の一〇〇年以上ものリーダーシップが反映された、子供たちのための講習と訓練のサマースクールである。今日、このようなプログラムはアメリカ中の海岸で実施され、海水浴を安全で効率のよいものにするための方法を教えている。

九歳から一四歳の地元の子供たちと貸別荘の子供たち（「都会っ子」とライアンは呼ぶ）計二五〇人以上が彼のクラスに申し込んだ。ライアンによると、なんとか最低限を満たす数字だ。「わたしの推測では、学齢期の子供たちの四〇〜五〇パーセントが泳げない、つまりプールの深い場所で五分間、立ち泳ぎできない。それでいて、ブーギーボード（ハーフサイズのサーフボード）で海に入っていく。これは大変危険です」

この場所の地理的条件を考慮に入れると、驚愕の数字はよりショッキングになる。ニューヨークのロングアイランド最東端に位置し、リゾート地であると同時に住宅地でもあるイースト・ハンプトンの町は、かなり広い地面と満潮時には八〇〇メートル幅にまで狭まるビーチから成り立っている。一部はかなりの高級住宅地だが、他はそれほどでもない。町のあらゆる部分が、大西洋、ロングアイランド湾につながる入り江、そしてその両方にまたがる海峡により、三方を海に囲まれている。いわば、海の中の指状の土地にすぎず、海は過去にそれ相応の命を奪ってきた。ここで泳げないということは、運転の仕方を知らずにインディ五〇〇（アメリカ、インディアナポリス市近郊で毎年開催される人気カーレース）に出るようなものだ。

そこで、今では白髪になった元ライフガードのライアンはこのプログラムを二〇年以上前に立ち上げ、以来、冬の間に子供たちをテストし、夏には彼らの訓練に手を貸している。全員がライフガードのプロテストに合格して（ライアンの九人の子供たちのように）ビーチの大きなチェアに座れるようになるわけではないが、少なくとも「海でより安全になる」と彼は言う。それこそが、彼が毎週末にはビーチに姿を現し、子供たちに海を敬いつつ楽しむための正しい方法を教授する理由なのだ。

わたしが立ち寄った日曜の朝には、わたしでもひるんでしまう一メートル以上の大波に怯えた一一歳の少女二人が、グループの他の子供たちといっしょに水泳の訓練を始めるよう指示されると、尻込みしていた。

「きみたち次第だよ」とコーチを務める二九歳のロビー・ランバート。「あのすごーくいやな〝恐怖〟という言葉に挑戦してみる気はない？」

少女たちは迷っている。ランバートはけしかけておいて、自分で決断させる。「子供たちを無理やり水に引きずり込むことはできない。自分で決めて入らなくては」。わたしは、その日の海は、〝ちょっとおっかない〟ことを指摘した。「昨日と同じですよ。あの子たち、昨日は入ったんだ」彼は答えた。「たぶん、ぼくたちがちょっと無理強いしすぎたんでしょうね。それで昨夜、そのときの恐怖がよみがえり、〝いやだ、明日はもう海に入りたくない〟と思ったのでしょう」

自分の意志でサーファーになり、ふだんは配管工事の会社を経営しているが、ランバートはビーチで子供たちを教えることでも少額の給料をもらっている。だが、金のためにやっているのではない。「泳いでいるときには、感覚の一つである聴覚を失うでしょう。その結果、得られるのは静かな心、そして泳ぎのリズムです。水泳を愛してるんですよ」

この無口な若いライフガードとはその朝以来ごぶさただったが、のちにこの公共心あふれるグループにより運営されている別のアクティビティで、彼と同僚たちが子供たちに取り囲まれているところをたまたま目撃した。それは霧のかかった七月のある午後だった。ニューヨーク州のとびきりハンサムな若者やスタイル抜群の女の子たちが、ラン・スイム・ランから荒海での模擬救助までの、あらゆる種目を競う市町対抗トーナメントで、大人のライフガードたちに声援を送っていた。

翌日、同じビーチで、たまたま双眼鏡を置いて同僚とシフトを交替したばかりのライフガード二人と雑談をする機会があった。ランバート同様、彼らのほとんどがサーファーで、しっかりした顎をし、筋肉を波打たせ、ジャマー（ショートスパッツ）をはき、ベースボールキャップを後ろ向きにかぶり、自分たちが守るべき人たちに対し献身的で、しばしば危険が触手を伸ばす前に、溺れそうな人を引き上げている。その前日、彼らは九歳の子供を引き波から助け、五十代の女性を救助した。

「ついさっき、クッキーを差し入れてくれたよ」。マット・バーンズは大喜びだ。そもそも助けなくてはならないと、どうしてわかるのだろう？「溺れそうな気配がするんだ、顔の表情とか。子供のほうはパニクってた」。両方ともクロス・チェスト・キャリー（腕を溺者の胸の上から反対側の脇の下に突っ込んで、あおり足で安全な場所まで運ぶ）で救助したそうだ。マットと双子の兄弟のライアンはともに大学生で、毎夏、このビーチの欠かせない顔になっている。三番目のライフガード、リー・バートランドが、変わったことはないかチェックしにATV（全地形型車両）でやって来た。みんなそうだが、彼もまた、ビーチでの夏のバイトはお得だと考えている。「ここが仕事場だってのは、かなり恵まれてるよ。だって、ここはまさしくオフのときにいたいところだからね」

わたしたちにとって幸運なことに、彼らがオフになることはあまりない。わたしにとっての初めてのオープンウォーター・スイミングは〈スイム・アクロス・アメリカ〉という、がんのためのチャリティ・イベントだった。今回の町の隣り村にあたるアマガンセットの波の荒い入り江で、〇・八キロを泳いだ。ある時点で見上げると、わたしたち参加者はパドルボードやサーフボードの上でバランスを取りながらコースをマーキングする――そして、わたしたちを見守る――ライフガードたちに取り囲まれていた。

「あなたたちの人数、参加者と同じくらいいるわね」と、一人のハンサムな保護者に声をかけた。

「それが理想ですよ。コンシェルジェのサービスです」と彼は言った。わたしは頭を水中に戻し、泳ぎ続けた……守られながら。

人魚の市長

次回あなたがニューヨークのJFK国際空港を利用したときに、市内から空港に、または空港から市内に向かう途中にヴァン・ワイク高速道路の大渋滞に巻き込まれたなら、この腹立たしい道路の名となった一人の男性のことを思い出してほしい。むしろ泳いで渡ったほうがまし？　ならば、絶対にロバート・A・ヴァン・ワイクにそばにいてほしいはずだ。

一八九八年八月のある午後、ロングアイランドの宿

屋のベランダに座っていた現役ニューヨーク市長のヴァン・ワイクは、近くのジャマイカ・ベイで三人の若い女性がもがき、悲鳴を上げる声を耳にした。市長は帽子を取り、〝粋な普段着〟のコートを脱ぎ捨てて、レールの手すりを飛び越し、溺れている乙女たちを救わんと海に飛び込んだ。全員が意識を失っていた。彼は泳いで三人を浜まで運び、一人ずつ樽の上にうつ伏せに乗せ――当時、人気のあった人工呼吸法だ――、蘇生を指示した。全員が助かり、市長は称賛された。彼は誰でも同じことをしただろうと言った。

それは彼の栄光の瞬間だった。ワイクはウィリアム・トゥイードが〝ボス〟として君臨する腐敗したタマニー・ホール（民主党の派閥。一八世紀末〜一九六〇年代まで存在）の推す民主党員であった。当時、三九歳のワイクは演説が嫌いで、三〇〇〇人の聴衆を前に行った就任演説は次のたった二つの文章から成っていた。

「人々はわたしを市長に選んだ。だから、この先、彼らに対し言うべきことは何でも言わせてもらおう」

スイミングだけしていればよかったものを。もちろん、彼が再選されることはなかった。

9 水泳術

半分ほど横断したところで、わたしは歌を歌い始めた。魚を怯えさせたり、他のスイマーをぞっとさせたり、間違って肺に水が入ったりしないよう、声は出さず、ただ自分だけに、頭のなかのジュークボックスから一曲を。そのメロディーはわたしのストロークとシンクロし、歌詞はわたしを推し進める。

泳げ
つらいときにも、とにかく泳げ
世界中が見ているよ
今までがんばってきたのは
ここで挫折するためじゃない

この歌のタイトルは、〈泳げ《スイム》〉。

そう、泳げ
沈んじゃだめだ
ただ地平線を見つけるんだ
きっと、きみが思っているほどは遠くない

歌詞のメッセージに強く心引かれ、メロディも頭から離れなかったので、わたしはこの歌を今回の横断泳の応援歌にした。しかも、この歌のバックストーリーは、過去にヘレスポントスで起きたことと同じくらい、あらゆる意味で英雄的だった。

これは、ジャックス・マネキンというバンドを率いる才能豊かな作曲家兼ピアニストのアンドリュー・マクマホンが、白血病の治療に耐えた恐怖の一年半ののちに書いた歌だ。診断が下ったのは二二歳、ツアーの途中だった。

「治る見込みは五分五分だって主治医に言われたよ」アンドリューは語る。「闘病生活は壮絶な体験で、ひどく落ち込んだ時期も幾度かあった」。そこを無事抜け出したとき、肉体的には治癒していたものの、精神的にはすっかり自信を失い、絶望していた。ある夜、彼は「泳げ」という言葉に出会い、ベッドサイドの紙切れに殴り書きしておいた。翌日、きちんと座って書いた——「ものすごい速さで、座りっぱなしで書き上げた」と振り返る。「〝泳げ〟という言葉がすごくパワフルだったから、そこからいわば自然に湧き上がってきたんだ。泳げ、泳げってね」

歌は瞬く間にヒットした。歌詞に貪欲な政治家や失恋を登場させたことが、生きにくい時代にあって、人々の心により強く訴えたのだ。「崩壊寸前の気配があった」と彼は言う。「苦しんでいるのはぼくだけじゃないと感じた。あれは、ぼくだけについての歌じゃない。まわりの人たちともう一度つながろうとしたんだ。たぶん、一人ぼっちじゃないと感じたかったんだろうね」

〈スイム〉はアンドリューが突き当たっていた作詞家としての壁を破り、すべてのコンサートで欠かせないナンバーになった。コンサートのあとには数千人のファンが、彼の歌詞をタトゥーした足首や肩や胸を見せに、彼のもとに押し寄せる。「音楽のために泳げ。ただ頭を水の上に出し続けるんだ。泳げ」。黒いタトゥーの文字がそう読める。ニューヨークのセントラルパークで行われた黄昏《たそがれ》時のコンサートで、わたし自身も何人かそんな人を見かけた。彼とともに歌う、サングラスを頭に載せた二〇代でほぼ占められた聴衆の声が、波のように上下するメロディにつれて、高くなったり低くなったりしていた。

「これほど元気をくれる歌は知らないわ」と、脳性麻痺を患い、車椅子生活を送っている二五歳のジェニーは言う。「落ち込んだ日には、いつもこの歌を歌うの」。泳ぐかどうか、訊いてみた。「ええ」。顔を輝かせた。「プールの浅いところでは歩けるのよ」

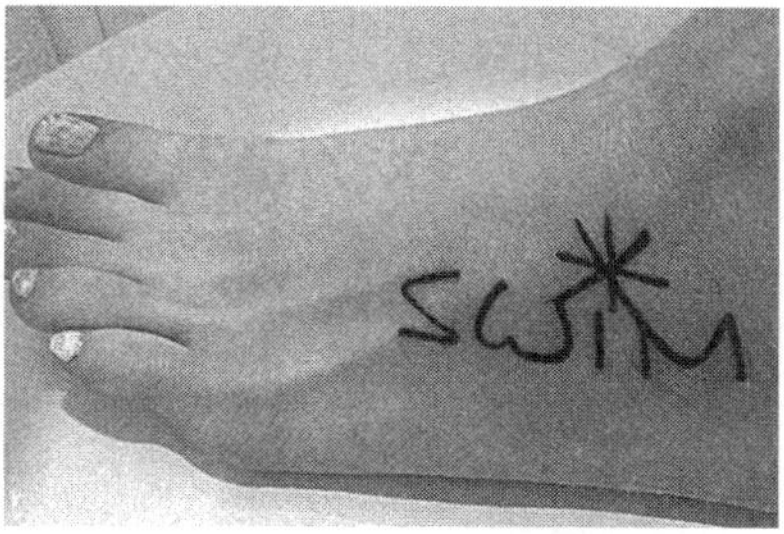

「泳げ」の強いメッセージが共感を呼んだ

アンドリューも水泳が大好きで、とりわけ今は生活の場である南カリフォルニアの大波のなかで泳ぐのを愛している。「巨大な水の塊のなかにいると、ぼくたち一人一人が個人ではなんて取るに足らない存在であるか、なのに一人一人が全体との関わりにおいてはどんなに重要であるかを思い知らされるんだ」。その関わりが彼を駆り立てる。今では健康な二九歳になり、太陽のように快活なブロンドに晴れやかな笑顔の、まるでジーンズをはいて生まれてきたかのような彼は、〈スイム〉への反響を大喜びしている。「困難な状況にある人々に宛てた手紙になった」と考えている。「これを、がんについての歌にしたくはなかった。人間の歌にしたかったんだ。さまざまな苦闘と、そのなかに見出す希望についての歌。幸運なことに、ファンはそう汲《く》み取ってくれたという気がしている」

わたしもまた、かつてがんと闘った古参兵だ。だから苦闘については多少なりとも知っている。〈スイム〉は間違いなく人間の歌だ。だからこそ、それはヘレスポントスでわたしを前進させている。

芸術家の手にかかると、もともと魅惑的な水泳の世界は不朽の名作になる。デイヴィッド・ホックニーの絵筆のもとで、プールは単なるコンクリートの建造物ではなくなる。ワーグナーの〈ラインの黄金〉の前奏曲では、ライン川のきらめきのリズム、そのうねるような音の連続があまりにも鮮やかに流れを描写しているため、目の不自由な人でも情景が瞼《まぶた》に浮かぶだろう。そして、抜け目のない水泳コーチやライフコーチたちはクリップボードを喜んでウォルト・ホイットマンの〝とにかくやってみろ〟式の詩と交換するだろう。

岸辺の板につかまって、もう長い間きみは水の中をこわごわ歩いている
そろそろ大胆なスイマーになれと命じよう
海の真ん中に飛び込んで、浮き上がり、わたしに向かってうなずき、叫び
笑いながら髪を振りはらうのだ

これは自分の得意技は浮くことだともったいぶる人物の作品だ。達者なスイマーだったホイットマンは「わたしは水の中では第一級の怠け者だった」と語ったことがある。

水泳はロマンスに完璧なセッティングを提供する。それが悲劇的なものであれば、なおさらだ。悲喜劇でもいい。クリストファー・マーロウの手になる、レアンドロスとヘロを題材にした色情的なエリザベス朝の空想物語では、レアンドロスが一人きりで泳いでいって全裸で（覚えているだろうか？　彼はマントを頭に固く縛り付けていた）現れると、処女のヘロは「怯えて金切り声をあげ……暗闇に逃げ込んだ」とあるが、これは〈サインフェルド〉の主役ジェリーにも使えるシナリオだ。もっとも、ルネッサンスの時代にも「収縮」に相当するものがあったかどうかはわからないが。マーロウはヘロのパニックを慇懃《いんぎん》に説明する。「年端もいかない乙女がそのような光景を目にすることは稀なのです」と。二世紀後、バイロンは自身をモデルにした『ドン・ジュアン』にレアンドロスを登場させ、水中でのドンの能力をこのように描写した。

彼より達者に泳ぐ人には、めったにお目にかかれない
彼なら、たぶん、ヘレスポントスを泳いで渡れただろう
かつて（これはわたしたちが誇りにしている快挙だが）
レアンドロス、エイケンヘッド、そしてわたし自身がやってのけている

この物語は久しく読者の心をとらえてきたが、その一人がサミュエル・テイラー・コールリッジという名のイギリス人の貧しい若者だった。一八八六年頃、ロンドンのストランドを歩きながら、泳ぐときのように腕をぐるぐる回していて、間違ってある紳士のベストに当たってしまった。紳士が若者をつかまえ、スリを働くつもりだったのだろうと言って責めると、若者は震え上がり、自分はただ空想のなかでレアンドロスになりきって、ヘレスポントスを泳いで渡っていただけだと説明した。若者の知性に深く感動した紳士が図書館への入場料を払ってやったことがきっかけで、コールリッジは、彼の伝記によると、「思う存分、読書欲を満足させることができた」。それは彼にとって教育へのチケットとなり、最終的にコールリッジはロマン主義運動の旗手となる。このように、ヘロとレアンドロスの物語がもとで、世界初の水泳と関係した奨学金が誕生したのだった。

ヘロとレアンドロスはまた、現代美術館テート・モダンにある説明によると、サイ・トゥオンブリーによる「キャンバス上を滝のように流れる波状の絵筆跡」を使用した一連の油絵の着想源にもなっている。交響曲やバラードは古くから二人の死を悼《いた》んできた。そして、現代アーティストのア

ダム・ゲッテルは、声が拡散する溜息のようになったり、高く舞い上がったりする情緒的な「ヘロとレアンドロス」を歌う。

海上の音楽

英国王ジョージ三世がウェイマスの海に入ると、近くの水浴車（一八七ページ参照）に隠れていたヴァイオリン弾きのグループが国王のやんごとなき飛び込みを応援しようと、英国国歌の演奏を始めた。しかし、これは王族の特権というもの。ガートルード・エダールは追尾するタグボートに積まれた携帯用蓄音機のレコードからボリュームいっぱいに流れてくる〈恋人と呼ばせて〉をお伴にドーバー海峡を横断した。彼女はときどき、歌に合わせてハミングした。わたしたちはと言えば、頭のなかのオーケストラに合わせて体を揺するしかない。防水プレイヤーは確かにプールでの長距離往復の退屈を紛《まぎ》らわせてはくれるが、オープンウォーター・スイミングなどシリアスなスイムではすべての感覚が要求される。したがって、スイマーたちの多くが、四肢の動きを速め、

脳を活性化する選りすぐりの歌をそらで歌う。

長距離水泳選手のリン・コックスはドリンクも凍るほど低温の水の中をなんとか進んでいった。その間、数え歌〈九九本のビール〉をビール瓶が一〇〇〇本になるまで歌い、それからまたゼロ本まで戻っていった。彼女は大量のビールを歌った。

ティナ・ハウ作〈プライドの横断〉という芝居の主人公でドーバー海峡を横断泳するメイベル・タイディングスは主に童謡を歌う。「〈こげこげボート〉や〈たんぼのなかの一軒家〉よ。一つの歌を二〇〇回歌ったら、次の歌に移るの」と言っている。友達にそんなことをしたら頭が変になると言われると、「むしろリラックスするわ、ほんとうよ」と答えている。

ダイアナ・ナイアドは〈じゃじゃ馬億万長者〉のテーマ曲を歌う。しかも延々と。「二番まであって、飽きさせないから」だそうだ。「ビートのある曲でないとだめ。〈イマジン〉やK・D・ラングの〈ハレルヤ!〉では無理。泳げないわ。ニール・ヤングの〈ダメージ・ダン〉も歌うわよ。全部じゃなく、コーラスのところだけ。あの二つの節を二〇〇〇回歌ったら、四時間四五分なの。〈じゃじゃ馬億万長者〉も同じ。ニール・ヤングは夜のほうがいいわ、静かだし、あの裏声といい……」

ドーバー横断のためのトレーニングをしているアラン・モリソンは一〇曲を歌う。各ラップ(または、彼が定めたラップ数)ごとに一曲。U2の〈ワン〉(ラップ1)、ザ・タートルズの〈ハッピー・トゥゲザー〉(ラップ2)と始まって、最後はヴィヴァルディ作曲〈マニフィカト〉の〈その御あわれみ〉で締めくくる。これはラップ一〇を一〇〇〇回ほどもしたあとの彼の身体の状態を反映させて選んだに違いない。
　マイケル・フェルプスが歌うのは「車を降りる直前に聴いた曲だよ。毎日、何時間も延々と黒いラインを眺めていることから気持ちをそらしてくれるなら何だっていい」

セックスと海の組み合わせは、いつの世にもソングライターにとっては抗《あらが》いがたく魅力的だった。けれども、二〇世紀にかけての世紀の変わり目に起きた、アメリカ人によるクラクラするほど熱狂的な海岸の発見に伴って生じたポピュラーミュージックほど、それが陽気に響いたことはない。一八九〇年代から一九二〇年代末にかけて次から次へと作られた歌は、それまでmoon-June-spoon（月‐六月‐愛情を示す）と呼ばれたロマンティックな紋切り型ソングを、シンプルな構成のbeach-peach-teach（ビーチ‐美人‐教える）に変えた。そこに登場するのは、晴れた日とハンサムなライフガードと泳ぎを習いたがるかわいい娘。

〈ポール、わたしにクロールを教えてくれない〉のジャケット

　〈ポール、わたしにクロールを教えてくれない〉という歌では、「やたらと上品な小娘」の「水着がほんのちょっと小さすぎる」。二番の最後のほうでは、二人は結婚

し、「ベイビーは今、はいはい（クロール）の練習中」となる。芸術はすべてをスピードアップする。

時折、歌のなかでも形勢は逆転し、泳げるのは若者ではなく、少女のほうになる。ある日、ジミー・オドンネルがネル・オコンネルをビーチに連れていくと、「ネプチューンの娘のように水になじんだのはネル／ジミーはまったく泳げない」となった。ご想像どおり、スイマーのネルは別の男と仲良くなり、ジミーはその男の「首を絞めたくなる」。けれども、ネルの心は広かった。「早く、ジム」とせき立てると、続いて入る「パシャ！パシャ！パシャ！」というコーラスで、彼が見捨てられていないことがわかる。もう一人の急進的な女性は「ビーチ一の美女で、泳ぎが得意」なベッツィだ。他の女たち、とりわけデブは嫉妬する（歌詞のまま）。「なぜって、美人のベッツィが近くにいると、男たちは他の女に寄りつかないから。無視するから」。無理もないが、この歌では、最後に幸せになる者はいない。

このように意味深な言葉と大胆な求愛の、笑いを漏らしたくなる状況だが、歌詞が有益なヒントをいくつか与えてくれる。まず水着姿の主人公はたいてい美人だ。そして彼女が水辺で確認しなくてはならないのは、そこで何が起きているかを母親に告げ口する者がいないこと。ビーチを題材にしたパーラーミュージック（中流家庭の応接間で演奏される種類の音楽）では、母親の存在が鍵となる。「娘よ、海に入らないで」と、ある歌は警告する。「女は見せ物、濡れたとたんに異様に見える」。そこではロマンスが芽生える可能性はない。別のある歌（アーヴィング・バーリン作）はペティコートの役割である conceal（隠す）という語と、水着の現実である reveal（あらわにする）という語に韻を踏ませて、

〈娘よ、海に入らないで〉（左）と〈ハンサムで勇敢なライフセーバー〉のジャケット

「海辺に恋人を連れていくな」と命じる。欠陥ボディだとまずいことになるからだとか。ああ、まったく！

　極めつけは〈ハンサムで勇敢なライフセーバー〉という歌で、これほど現実が残酷に描かれた歌はない——ミス・リサは「波に夢中で／日曜ごとに泳ぎにいく」。たとえ沖まで行きすぎても「ハンサム（もちろん）で勇敢なライフセーバー」が助けてくれると信じていた。ところがある日、沖に「流されて」、「足がたたない」ところまで来てしまった。「怖くなって／助けを求めて」叫んだ。「三回以上、助けを求めた／でも、彼は海岸で取り込み中」「彼の妻が近くに立っていたので／声が聞こえなかったのだ」。時折、人生は最悪になる。ビーチにおいてさえも。

　当時の歌のなかでわたしのお気に入りは、他の歌ほどは冷淡でなく、より際どくて、大男と水着姿がキュートな女の子の感性に対しはるかに寛大なこの歌だ。愛し合うカップルが毎年夏にビーチでデート――さて、続きは歌詞に語ってもらいましょう。

そして、彼女は彼に言う、ねえ、海に入りましょうよ
すると彼は彼女の手を取った
それから、二人は……
（コーラス）
しばらく泳いで、沖に出た
そして潜った――海底深く
何のため？ それは誰にもわからない
でも、一、二分後、笑いながら浮き上がってきた
しばらく沖で泳ぐ
そして、また深く潜る
波が荒くなると
彼女が叫んだ、ジョン、もう、たくさん
二人は岸まで泳いで戻らなきゃならなかった
日がな一日

泳いでいるか、いちゃついている
ロバに乗ったり、急流すべりをしたり、
水着がどうなろうが気にしない

わかるでしょう？　スイミングさえ噂の種になりかねないって。

一九三五年、もっと都会的な作曲家がさらに愉快な歌を書いた。評判の豪華なプールや海岸保養地で上品な常連だった作曲家のコール・ポーターが、モス・ハートとの共作でミュージカルコメディ〈ジュビリー〉を制作した。これは、名前こそ出てこないが、明らかにバッキンガム宮殿を居とする、ある王族を題材にした、ウィットに富んだ（今では古臭くなった）パロディだ。豪奢《ごうしゃ》な暮らしに辟易《へきえき》した彼らは、こっそり庶民生活の空想にふける。女王の夢は水泳であり、「映画にも出た裸のスイマー」と会う約束を取り付ける。相手はモーグリという芸名の男優だが、これは元オリンピック選手でのちにターザン役になったジョニー・ワイズミュラーのことだ。一幕の終わりにはプールで女王がモーグリや彼の子分のマーマンたちと、新しく発見したスポー

〈岸まで泳いで戻らなきゃ〉のジャケット

ツの価値を歓喜のうちに謳い上げる。

水泳ほど老いた体形を引き締めてくれるものはない
ウエストにある種の優美さを与えてくれるから
ネプチューンの娘と毎日愉快に行う運動ほど
筋肉を鍛え、硬くしてくれるものはない

快活なメロディとたくみな韻踏みはこのうえなく魅力的だが、残念なことに、この歌を知っている人はほとんどいない。〈ジュビリー〉がブロードウェイでは開幕前に中止、さらに他の場所でも、一六九回の公演後にショー自体が打ち切りになり、記録保管所行きになってしまったからだ。今日、数多くのリバイバル公演でこの失われた宝石は復元されているが、〈水泳ほどいいものはない〉の歌はまだ iTunes に居場所を見つけていない。

文学は確立された比喩的表現をふんだんに使って、常に水泳をよりシリアスに扱ってきた。大海の孤独、潮の絶え間ない変化、深淵の安らぎと終末性など。海は子宮、もしくはわたしたちの無意識、またはその両方。プールは人をハッピーに、または無防備に、または不安にする。水泳は可能なことと不可能なことを象徴する。それは人生のガラスの表面にひびを入れる執着であり、想像上でしかない場所にわたしたちを連れゆく川。水泳を習得することは生き延びることの比喩。マラソンスイムは距離の挑戦に打ち勝つ。水は神聖、そしてカミュが『ペスト』のなかで言っているように、水泳は一種の聖体拝領。アリスが不思議の国で学んだように、水は人に変な行動を起こさせる。F・スコット・フィッツジェラルドがそのイメージを自身の仕事に転換して「すべての優れた文章は水中で泳ぐようなもので、息を止めている」と書いたように、水はリスクを要求する。作家のロジャー・ディーキンは著書『イギリスを泳ぎまくる』のなかでイギリスの荒涼とした水域で泳いだ年月を記録し、飛び込む瞬間を次のように描写している。

「自らを放ち、飛ばし、一種の境界を超える。黒い水面を眺めるのは、何も書かれていない紙を前にあれこれ考えるようなものだ――だが、いったんそこに入れば、あなたはそのなかにいる」

水泳をするライターたちは、どうすれば水泳の魅力を伝えられるかを知っている。「スイミングは一日の頂点、その中心にある」と書いたのは、一九六四年に短編小説「泳ぐ人」で、自らの愛するスポーツをその力作の中心に据えたジョン・チーヴァーだ。

コネチカットの準郊外族で、億万長者にふさわしい豪邸を所有し、アスリートの身体の持ち主である主人公のネディ・メリルにとって、完璧な夏の日曜日にそれは始まった。「その日は美しく」とチーヴァーは書く。「そして、彼には長い距離を泳ぐことがその美しさを引き伸ばし、祝福することになるかもしれないと思えたのだった」。ネディの取ったコースはユニークだ。「連続するプールは疑似半地下水路となって、郡を蛇行しながら横切っていく……その川を彼は妻の名にちなんでルシンダ川と呼ぶことにした」。実際に泳ぐ人にしか思いつけないサファイア色の小道、要するに隣人たちのプールを泳ぎ継いで家に帰るというのは、このうえなく魅惑的な計画だった。だが、代わりにルシンダ川は騒々しいカクテルパーティやら、昔の恋人やら、古い記憶やらの間を縫うように進んでいき、非現実的な旅がネディを精神的荒廃へ、やがて廃屋となった自宅へと連れ帰る。この話の最後の言葉は「空っぽ」で、それはネディの生活を如実に描写しており、泳ぐという行為がついにそのことを明白にしたのだった。

「父はプールを愛していました」。ある夜、ジョン・チーヴァーの娘でライターのスーザン・チーヴァーがディナーを取りながら語った。「でも、プールを造りはしなかったのです。よその家のプールで泳ぐのが好きでしたね。一度も正しい息継ぎを習ったことがなくて、ぎくしゃくしたクロールで泳いでいました」。彼女は、ジョンがネディのストロークを描写するのに使った語と同じ「ぎくしゃく」という語を使った。そして作品の素晴らしさの解明に移った。「あれは最初、長編だったのですよ。でも、父はそれを燃やしてしまったのです」。わたしは唖然とした。自分の書いた小説を燃やしたって？　それはまた、どうして？「創造の才の仕業です」。スーザンはきっぱりと言った。「そして短編に書き替えました。それであんなにいい作品になったのですよ。選択して余分なものを削ることで、すさまじいパワーが生まれたのです」

〈泳ぐひと〉はフランク・ペリーにより原作と同じくらい力作の映画となったが（シドニー・ポラック監督が完成させた）、そのために主演のバート・ランカスターは泳ぎを習わなくてはならなかった。これは一九六八年にはすでに水泳の人気がどんなに凋落《ちょうらく》していたかを、皮肉にも物語っている。

ハリウッド初期のスイミングスターたちは、ただ泳げる曲線美の俳優だっただけでない。彼らは本物のダイバーで、彼らの映画はたいてい水泳そのものについてだった。アネット・ケラーマンは映画というカリフォルニアの新しい産業のためにヴォードビル（バラエティショー）での自身の演技を見直して、一九〇九年から一九二四年の間に一〇作以上の無声映画に出演した。「海神の娘」「海底のヴィーナス」「神の娘」はそのほんの数例だ。今日のスタンダードからすれば、ほとんどが、おとぎ話やエキゾチックな（ときに異様な）人魚の衣装に頼った感傷的な水中ファンタジーにすぎない。当時でさえ、売り込みは困難だった。「なんだって！　女の魚をスクリーンに登場させるって？」ある撮影所のボスはのっけから交渉を拒否し、吠え立てた。だが、映画はヒットし、しかも大ヒットで、ケラーマンの見事な肉体と根性のある演技は（彼女はすべての離れ業を自ら行った）、一人一人トレーニングを受けた人魚のコーラスガールたちとともに、人々にチケットを買わせ続けた。ときどき、ケラーマンは人魚の尾ビレその他の衣装を忘れてくることがあり、するとそれは撮影所が大喜びで宣伝する、彼女の完璧なボディへの賛歌となった。「海淵を矢のように素早く動く女神の見え隠れする肉体を追うために、目を凝《こ》らす必要はない。チラッとどころか、かなりはっきり見える。これはありのままの真実である」と映画雑誌は確約する。一九一七年、検閲機関がその後の映画に裸体の登場を禁止したとき、彼女は例として挙げられた。

　ケラーマンのあとには、プールから直接ショービジネスに転じた精鋭のアスリート四人組が続いた。

　まずエレノア・ホームは一九三二年オリンピックでは背泳で金メダルを獲得したが、次のオリンピックでは、ドイツに向かう船上でシャンパンを飲んだために出場停止になった。それはオリンピックの堅苦しさが彼女をプロのスイマーに転向させた瞬間だった。出演した唯一の映画〈ターザンの復讐〉（一九三八）では、ジャングルの川でワニから逃げるために、きびきびした背泳とオリンピック選手らしいクロールを見せている。「顎はワイヤーで縛ってあったので、噛まれることはなかったけれど――」彼女は記者に語っている。「でも、あの大きなしっぽではたかれる可能性はあるでしょ。死ぬほど怖かったわ！」。彼女のそれ以外のキャリアは巨大なステージでの公演に集中しているが、なかでも有名なのは、二番目の夫となったビリー・ローズが一九三九年の万国博覧会でプロデュースした名高い水上ショーの花形スターとしての演技であった。彼女のそこでの共演者はやはりオリンピック選手で筋肉隆々のジョニー・ワイズミュラーだった。

ルーマニア（当時はオーストリア・ハンガリー帝国）生まれで主にシカゴで育ったワイズミュラーは、あるコーチに「ほとんど水から飛び出している」と言わしめた巧妙なクロールで、一九二四年と一九二八年の二度のオリンピックで金メダルを五個、銅メダルを一個獲得し、六七の世界記録を樹立した。彼は二五歳で競技生活からリタイアするまで、一度もレースで敗れたことはなかった。しかもハンサムだった。そして、代表的なターザン（一番手ではなかったが）となり、おはこのヨーデル調おたけびを伴奏に一二作品を飛び渡っていった。〈類猿人ターザン〉（一九三二）や、〈続類猿人ターザン〉で有名になった官能的な水中ラブシーンでは、頭を水上に出して（カメラがとらえるには都合がいい）チャンピオンらしい泳ぎを見せた。それは観客が最も観たがるシーンだった。もっとも、共演者のモーリン・オサリヴァンや彼女のスタントを務めたオリンピック選手のジョセフィン・マッキムが裸で泳いでいたかどうかは、スクリーン上でははっきりしない。ところが、実際、全裸だったのだ。一九三四年だというのに。検閲ってそんな程度だったのだろうか。ワイズミ

ジョニー・ワイズミュラー。精鋭スイマーかつ魅力的なターザン

ユラーのほうは腰布を着け続けていた。

泳ぐターザン役で有名なもう一人は、むしろフラッシュ・ゴードン役やバック・ロジャース役でより有名なバスター・クラブだ。一九二八年（銅メダル）と一九三二年（金メダル）の二回のオリンピックでは実際、すさまじく強力な選手だったが、その後はやはりアクアケードでエレノア・ホルムを相手役に泳いだ。

もう一人、水上ショーの巨大スターがいる。ショービジネスとスポーツがクロスオーバーしたこの初期のアスリートの一人。人々を水際に寄らせて口をあんぐりと開けさせ、映画を上映させ、客にもっと観たいとせがませる本物のセレブリティ。一九五〇年代には、わたしたちの多くにとって銀幕上の人魚は一人しかいなかったし、壁にピンナップが貼られるハリウッドスターもただ一人だった。わた

映画〈百万弗の人魚〉でアネット・ケラーマン役を演じるエスター・ウィリアムズ

しと同時代に育った少女はみんな、エスター・ウィリアムズになりたがっていた。正直言うと、わたしは初めジューン・アリソンに憧れていたのだが、防水をしたヘアとセクシーなストロークのほうが、スモーキーな声よりずっと魅力があると思い直したのだった。

エスター・ウィリアムズが英雄であり続けた理由を数えたなら、一〇本の指でも足りない。十代で打ち立てた自由形と平泳ぎの記録、サンフランシスコのアクアケードでのワイズミュラーとの共演による目覚ましいパフォーマンス、ピチピチの水着姿、テクニカラーの総天然色で映し出されたスマイル。そのなめらかなストロークとエレガントな飛び込みはあまりに簡単に行われたため、すべての人に自分にもできると思わせた。

でも、わたしがエスター・ウィリアムズを大好きだった理由は、彼女が真剣勝負に挑み、それに勝ったからだ。抱腹絶倒の自叙伝『百万弗の人魚』のなかで告白しているが、彼女はショービジネスにキャリアを求めてはいなかった。ただ泳いで勝ちたかったのだ。二〇世紀フォックスでの初めてのオーディションで、それは確認される。配役担当のディレクターが言った。「あなたはスイマーでしょう？　だったらプールに戻りなさい」。彼女はそうした。第二次大戦のせいで、アメリカが一九四〇年オリンピックへの不参加を決定するとプロのスイマーに転向したものの、彼女自身、せいぜいアクアケードへの出演くらいだろうと思っていた。製作会社のMGMには違う考えがあった。

当時、アイススケーターのソニヤ・ヘニーが銀盤上を音楽に合わせて滑走する、二〇世紀フォックスによる一連の映画作品が新たに世間を沸かせていて、それがMGMの模倣の才を刺激したのだった。撮影所長のルイ・B・メイヤーが「氷を融かせ。スイマーを獲得して、かわいく仕立てろ！」との正式な指令を発したので、彼女はふたたびチャンスを与えられた。かくして、エスター・ウィリアムズはわたしたちのヒロインになった――なぜなら、ハリウッドがすでに証明済みの仕掛けを売り上げでしのぐ新しい仕掛けを必要としていたからだ。そして、彼女がそれを品よく、確かな技術で、そして例のあのスマイルでこなしたからだった。

「性欲はでかいが体は小さな男たちに振り回されながらも」、ウィリアムズ（一七二センチの長身の上、七センチのヒールを履《は》くことも多かった）はハリウッドの新ジャンル開発を助けた。それは華やかなスイミングの祭典。バズビー・バークレーの振付による、彼女の才能を引き立たせ、どのアングルから見ても幾何学的な美しさが息をのむほどの凝りに凝った、マーメイドたちによる延々と続くパフォーマンスを含むミュージカルコメディだった。また彼女はアネット・ケラーマンのあとを引き継いでシンクロナイズド・スイミングを大衆芸術のスタイルに変え、最終的にはオリンピックの公式種目になるのを助けた。彼女はスクリーン上でミッキー・ルーニー（〈アンディ・ハーディの二重生活〉）から、猫とネズミのトムとジェリー（〈濡れたらダメよ〉）まで、あらゆる共演者と泳いだ。〈水着の女王〉や〈世紀の女王〉の浅薄な現実逃避主義を、ポップコーンなみに涎《よだれ》が出るほど美味しいものにした。そして、一九五二年には、ケラーマンの人生を描いた〈百万弗の人魚〉で、当然の選択として主役を演じた。のちにインタビューで先輩のケラーマンについて語った言葉が、彼女自身の人生をも定義している――「女性であることには、コルセットに縛りつけられているよりもっと大事なことがあると彼女は知っていました。彼女は浮いていることに満足しなかった。泳ごうと決意していました。彼女の功績は、水に入るよう女性たちを説得したことです。わたしはその続きをしています」

一九九三年に、アスファルト・グリーンという名のばかでかいスイミング施設がマンハッタンにオープンしたときのセレモニーには、エスター・ウィリアムズを称賛する行事が組み込まれていた。ジェーン・キャッツがウィリアムズを称えるためにシンクロを披露したのだが、ショーが始まる直前に当のウィリアムズと話をする機会があったそうだ。そのときのウィリアムズのアドバイスは彼女が後世に残す言葉になる。

「美しく泳いで！」と彼女は言った。

それは、人生が芸術をまねることだ。

スイミング・ムービー名場面

まず、すべてのエスター・ウィリアムズ主演映画。次にすべてのターザン映画。次は以下の作品。

〈サンセット大通り〉（一九五〇）――「哀れな男！　ずっとプールを欲しがっていた。まあ、最後には手に入れたけど――ただ値段がちょっと高かった」

〈卒業〉（一九六七）――「きみにただ一言、言いたい」「はい」「これからはプラスチックだよ」。もう一言加えるなら、「スイミング・プール」

〈太陽が知っている〉（一九六九）――豪華なプール。そして殺人。

〈アビス〉（一九八九）――自発的低体温症がヒロインを救う。可能性はなきにしもあらず。

〈イースト／ウェスト〉（一九九九）――冷たい戦争。冷たい水を泳いで戦後のソビエト連邦から逃亡する。「泳ぎ続けなさい」と彼は言われた。「それが唯一助かる道だ」と。

〈ウォーターマークス〉（二〇〇四）――ヒットラーすら、スイミング精神は消すことができなかった。

〈オン・ナ・クリア・デイ〉（二〇〇五）――「これを泳ぐのには、どのくらい頭がイカレてないとだめなの？」「完全に」

〈スイミング・アップストリーム〉（二〇〇五）――「わたしが育ったオーストラリアでは、夏は長く、暑い。水がそれを変えた。水は人を生き生きさせ、守ってくれる。少なくとも……しばらくは」

〈メン・フー・スイム〉（二〇一〇）――スウェーデンの男性シンクロスイミング・チームがプールで中年の意味を発見する。

10 泳げ

突然、ゴールに近づいていた。標識となるボートが予告もなしに動き、赤いバルーンの空気が抜かれた。頼りにしていたのに。でも、南に方向変換すると、予告されていたとおり潮の流れが変わっていた。エンジーンを見つけたとは言えないけど、間違いなく最後の直線コースに入っていた。

「左にとどまって！　左に！」人なつっこい巡回コーチのフィオーナが、わたしをどこか……とんでもないところに連れていきかねない速い流れからそらそうと、ボートの舵《かじ》取りをしながら、メガフォンで叫んでいる。もう一時間以上泳いでいるから、デッドラインは近づいているけれども、フィニッシュラインも近い。船を進水させるためのスロープが、桟橋が、海岸に沿った古代の城壁が見える。

「ただ泳ぎ続けて」とドリー（第一章を参照）になりきって、自分に言いきかせる。アンドリューの歌う〈スイム〉に耳を澄ます。最後の一〇〇メートルは熾烈《しれつ》だ。急な流れと必死で闘っているのに、岸の木々はまったく近づいてこない。わたしのなかの貯蔵庫から、まだ残っていることすら知らなかったパワーを絞り出すと、突然、蓄えが放出された。

「やったわ、リン！　やったじゃない！」。フィオーナが波止場のほうに誘導しながら叫んだ。

すると、わたしはやっていた。静かに、ついに、わたしはそこにいた。数秒後、水から飛び出し、レッドカーペットを歩くと（そういえば、「大事なのはどう泳ぐかではなく、どうフィニッシュするかだ」とスイマーの一人が言っていた）、セレブを取り囲むカメラマンの群れではなく、タイムを認定するために足首のまわりに付けられたチップを読み取る電子タイマーがそれを確認した。ジャーン！　やった！　ヨーロッパから歩いて海に入り、アジアに歩いて上がったのだ。制限時間内にヘレスポントスを横断し、自分の二本の脚で地上に出た。ゴーグルをはね上げ、濡れた髪を振りさばき、渡されたタオルを受け取り、あたりをうろついて自分たちの泳ぎを祝福し合っている参加者たちに加わる。と、友人に腕をつかまれた。

「リン、上を見て！」

すべてのカテゴリーの結果を表示する巨大な電子掲示板に、こんな文字が現れた。

1．リン・シェール　USA　1：24：16

ありえないことだが、わたしはわたしの年齢グループの女性部門で一位になっていた。微笑みが広がったが、すぐに負けず嫌いが頭をもたげてきた。このまま、この順位から落ちないでいられるかしら？　どっと笑いが込み上げた。もちろんだ。この年齢グループでは、わたしが唯一の女性な

大成功！

のだから。もっと高齢のカテゴリーもあるが、自分のグループでわたしは見事にやってのけた。

ああ、わたしがこの快挙を謙虚に受け入れ、さっさと気持ちを切り替えたと言えたらどんなにいいだろう。太陽がアジアからヨーロッパになめらかに動いていくように、大人になり、たった今終えた横断泳のことはもう考えなかったと言えたなら、どんなにいいか。

とんでもない。わたしはみんなとハイタッチしながら女学生のようにニヤニヤし、心のなかでたった今泳いできたコースをふたたびたどり（「エンジーンなんて感じた？」「どのルートを取ったっけ？」「赤いバルーンを一度でも見たかしら？」）、午後に行われた表彰式で小さな表彰台に上がったときには、全身でオリンピック選手になりきっていた。腕を大きく挙げて、勝利の笑みを浮かべる。メダルをかけてもらうため、優雅に頭を垂れる。メダルよ！　バイロンは頑張ったあげく、風邪を引いただけだったのに。

その夜の祝宴に首にメダルをかけて出席すると、そのおふざけは非常に寛大な人々に快く受け入れられた。翌日の朝食時に、わたしはやっとメダルをはずした。

「おはよう、チャンピオン」と、わたしより半時間も早くフィニッシュしたイギリス人の消防士に声をかけられた。「メダルはどこだい？」とからかう彼もまた、わたしの新しい仲間たち——全員がレースをフィニッシュした——と同じく、わたしのメダル獲得に競争相手がいなかったことは、ニューヨークでわざわざ言う必要はないという意見に賛成してくれた。

無論、四〇〇人あまりの人たちが、わたしより速く泳いだことは知っている。それに、たとえわたしが一四歳だったとしても、四二分という嘘のようなタイム——わたしの半分——で全体の一位になったトルコ人のティーンエイジャーについていくのは無理だっただろうことも。さらに、レアンドロスが夜間に、ずっと急な流れのなかをまっすぐ横切って往復したことも知っている。でも、バイロンが彼の片道横断について友に「恋と宗教のためなら何だって可能だ。わたしだってもし対岸にヘロがいたら、たぶん、もっと頑張っただろう」と語ったけれども、わたしもそう思う。事実、今回、六・五キロを泳いだが、これは自己最長だ。かなりの数の参加者に勝ちもした。トレーニング、アドバイス、努力、すべてが報われた。わたしの特製Tシャツには、「レアンドロス、バイロン卿……そして、わたし！」とある。わたしの背中から、これを力ずくで引きはがそうとしても無理。

数カ月たったあとでも、わたしは地図を開いてはすぐさまあの海峡へと目をやり、何度も何度も心のなかで繰り返した。

「ここを出発して、ここに着いた。わたしはヨーロッパからアジアまで泳いだ。ヘレスポントスを泳いだのよ」

今なお、その栄光を感じる。今もって誇りに思う。今も、ターコイズのエーゲ海と深い黒海のブレンドが滑るように横断していくわたしを浮かせ、抱きしめている。わたしと海、わたしたちはいっしょにやってのけた。海がわたしを抱え上げ、わたしは突き進んでいった。いつもながら、わたしたちはパートナー。なぜなら、どちらか片方ではけっして成し遂げられないから。だから、これがわたしの泳ぐ理由。

「今まででいちばんいい泳ぎをしたわ」。ロンドンから参加した剛健な四四歳の物理学教授クレア・ルークも同じことを言った。彼女は二人の弟にも参加するよう説得し（唯一の姉弟トリオ）、五四分という危険なほど速いタイムで、彼女の年齢グループの四位になった。しかも、途中でのんびり休息すらしたとか。「レースだってことはわかってたけど、真ん中あたりでストップしてゴーグルを取り、自分に言いきかせたの。あれはヨーロッパ、あっちはアジア、そしてわたしはここにいる。その真ん中にいるってね」。クレアは心の安らぎを求めて泳ぐ。「水がすっぽり包み込んでくれる」と言う。「何の音もしない、誰にも見つからない。これはマインドゲームよ」。数週間後、毎週トレーニングするために地元のスイミングクラブに再加入したとメールで知らせてきた。「水泳は常にわたしにとって、ただ健康を保つためのもの以上だったわ」とあった。「オープンウォーターで得られる自由の感覚や、自身のストロークと呼吸のリズムが作り出す平静さを愛しているの。完全に水に浸かっているというフィーリングがただもう至福で、忙しい日常のストレスを解消するには完璧な強壮剤よ」

今回、ただフィニッシュして、真ん中あたりの順位になればいいと思ってエントリーしたというリサ・クロフォードは有頂天だった。このレースは四〇歳になったことを忘れるための彼女なりの手段だったそうだ。「ぞーっとしたの。そのあまりかっこよくない区切りの歳を記念する、何か個人的な挑戦が必要だった」と彼女はイベントの前に話していた。スイミングは「あの小さなブルーのラインに従っていくシンプルさそのもの。人によっては退屈でしょうね。でも、わたしにはとても扱いの難しい自閉症の息子がいる。だから、完全に耳を閉じて、何にも誰にも煩わされないでいさせてくれるスイミングは、わたしに打ってつけのスポーツなの。このレースのためのトレーニングは、ただ自分のために何かをしていればいいんですもの、最高だったわ」。今は家で母親業に専念するリサだが、かつてはロンドンで事務弁護士として働いていた。「海で泳いでいると、とても気持ちがうららかになるの。きっと多分に静かな海と日光のおかげだと思うけど、それだけじゃなく、それぞれ自分のゴールを達成するために集まって来た他のみんなと同じ方向に泳いでいくことにも何かがある。わたしたちは一人だけど、同時に一時間かそこらは、いっしょ。それが心地よいの。それに、一応レースではあっても、わたしにはそうは感じられなかった。海峡の真ん中で止まって、主に約束の赤いバルーンの場所を確かめるために一人か二人に話しかけたことすらあったけど、それって、なんだかおかしくて、ちょっと現実離れしていたわ！」

誰もが勝ち誇っている。ミシシッピー州ジャクソンからやって来たジョー・ナサーは、フィニッシュラインを越えて一〇分が過ぎても、「ちょっとヒリヒリしてるから、まだ取れないんだ」と言って、スイムキャップとゴーグルをつけたままニコニコしていた。彼が今回、ビジネスパートナーとともに泳いだのは、「去年は風と流れにやられちまって、フィニッシュできなかったからだよ。今回は最高だった」

エジンバラから参加した父と息子は同時にフィニッシュした。「おまえがやるなら、おれもやる」と互いに約束していたそうだ。

ヴァージニア州アレクサンドリアから参加したデイヴィッド・モリスは南部なまりでゆっくりしゃべる。「仰向けになって山を見たときには、〝ひぇー、まだ半分も渡ってないじゃないか〟と思ったよ。それが前方に目をやると、〝わあ、もう、すぐそこじゃないか！〟となっていた。自己タイムの更新より、ただその瞬間を楽しんだ。おれはヘレスポントスを泳いだぞ！」

サンフランシスコから来て地中海地方をトレッキングしている冒険家のジョエル・ストラット＝マクルアは、獲得した銅メダルを「ちょろかった」と言う。「こいつのために代償を払いすぎた気がするよ――はるかイスタンブールまで行ってたのに、方向変換してギリシャに戻ったんだよ。でも、くそくらえ、いや、つまり全部で八〇〇〇キロの長旅だ。あちこちで数キロ無駄をしたって、問題じゃない」

パースからやって来た魚はケイト・ビスチョフだ。四七分〇七という高速で横断し、トルコ人以外の女性では二位、所属する年齢グループでトップになった。「どこで方向を変えればいいかが、わからなかった」と告白する。「教わっていたことと違ったわ。わたしをピューッとゴールに連れていってくれる速い流れなんてなかったもの」。エンジーンが付いたと感じることはなかったそうだ。「でも、感知できなかっただけで、何か後押ししてくれるものがあったに違いないわ。でなきゃ、一時間以内なんて無理だもの」

同じくオーストラリア人のアイリーン・キールは、ブリスベンで会計監査事務所を経営している。七〇歳、白髪頭で元気溌剌《はつらつ》、所属年齢グループの優勝者だ。わたし同様、彼女もグループで唯一の女性だった。笑いながら歳を取ると得だと認め、水泳を始めたのは五〇歳で、腰痛のためだったと話す。「初めは五〇メートルも泳げなかったのよ」。それが今では世界中のレースで優勝している。水泳は逃避？　と尋ねた。「ええ、少しの間、リラックスする方法ではあるわね」と顔を輝かせる。「ひたすら泳ぐことに集中していればいいんですもの。でないと、溺れてしまうでしょ！」

翌日、海はよりいっそうゴージャスだった——巨大なマジックマーカーのようにわたしたちの功績をきわだたせる深く鮮やかな地中海ブルー。「今回のレースは地理的なおもしろさにつきます」と、平和運動家のバーニー・ストーンが言った。「はっきりしている。この海は世界の地理的な裂け目なんです。ご存じのように、もとは一つの大陸だった。わたしたちはただ、しわを横切って泳いでいたのですよ」

そして、歴史も横断した。わたしはレアンドロスとヘロを哀悼し、近くのトロイの遺跡を訪ねると、ホーマーの描写した吹きさらしの平原が、今なお、いにしえの雄大な広がりを想起させた。この国際色豊かなレースへのすべての参加者同様、わたし個人の宇宙を広げてくれたスポーツが、同時に世界をより小さくしたことに気づいていた。くしくも、授賞式で主催者が言っていた。「この地で、かつて人々は戦いました。今、わたしたちは水泳を通して友情を分かち合っています」

わたしはこの本を熱いスイマーとして書き始めた。そして、水泳への情熱がどこから来るのかを、より深く理解して書き終える。そう、わたしたちはかつて魚だったかもしれない。でも、それは自然ではないし、原初から魚であったわけではなく、泳ぐよう生まれついてもいない。確かに、わたしたちは浮くようにはなったが、簡単ではないし、けっして便利でもない。わたしたちはストロークを改良し続けてきたし、オリンピック選手に声援を送るけれども、それは新しくもないし、実際、主流でもない。水泳は集中力を要求し、水の中ではいつも数を数えているが、同時に時間を一時停止させ、空想を飛躍させる。そしてその色——ブルーの色合いの無限のバリエーション。詩人のウォリス・スティーヴンスはそれを「ベーシックな灰青色、普遍的な色調」と呼んだ。

他のほとんどの依存症と違い、水泳は実際に自分のためになるし、たぶん、その効用はわたしたちの想像さえ超えている。そして泳げば泳ぐほど、ますます効用は増す。一年前のわたしは、たいていは暖かい日に、プールで三〇分だけ、一人で同じペースのだらけたラップスイムを行っていた。それが今では明け方に、寒い日には屋内プールで、気持ちのいい日には海で、しばしば他の人たちとともに一時間かそれ以上も全速力で泳いでいる。その間、自分のストロークに神経を集中している。けっして競泳選手になれるわけでもないし、精鋭スイマーの完璧さの足元にも及ぶことはない。彼らと違い、わたしには陸の上での生活がある。テニスもする。でも、わたしの自由形は今、以前より速く、なめらかで、息継ぎは以前ほど疲れない。肩幅は広くなり、新しい筋肉がときどき、ケアを要求する。でも、水泳は手に入る最高の全身マッサージだ。元オリンピック選手で現在六四歳のドナ・デ・ヴァローナは、最近の腰の手術のあと、すぐに泳ぎを再開し、今も週に何度か泳いでいる。いつまで泳ぎ続けるつもりかと質問したところ、彼女は笑いながら言い返した。「プールから自分で出られる限り！」

水には治癒力がある。「不機嫌なアシカ状態で水に入っても、出てくるときはスマイルしているイルカよ」とは、カリフォルニアの耐久スイマー、キャロル・スィングが、一九九九年に当時女性としては最年長（五七歳）のドーバー海峡完泳者になったときの言葉だ。彼女はその二年前に、やはり女性としては最年長でカリフォルニアのカタリナ海峡を横断泳している。「あのとき言ったことは今でも有効よ」と彼女は語ってくれた。「まだ泳いでいるし、まだ水泳を愛しているわ。もう以前ほど不機嫌じゃないけど、やはり水泳は最高のセラピーで、わたしを丸く、ハッピーにしてくれる」

水泳は世界でいちばん安価な抗うつ剤で、わたしの知る限り、二番目に有効な誘眠剤。いえ、いちばんかもしれない。フランス人の詩人ポール・ヴァレリーは、水泳は彼の愛、海は彼の恋人だと書いている。「そのなかで、わたしは自分がなりたい男になっている」と。

ガートルード・エダールが感じる親密さはそれほどナルシスティックではない。「わたしにとって、海は人のようなもの、長い間知っている子供のようなもの」と、ドーバー海峡を横断した三〇年後に語っている。「クレージーに聞こえるでしょうけど、海で泳いでいるとき、わたしは海に話しかけるの。海ではけっして一人ぼっちだと感じない」

水泳好きの熊

アラスカ南西部沿岸のカトマイ半島は人間と熊の両方にとってサケ漁の中心地だ。毎年夏には二本足の漁師が大漁を期待して移住してくる。一方、茶色い熊はサケが産卵する二週間を一年間待ち続け、危険きわまりない滝のまわりに陣取って、その先一年分の朝食、昼食、夕食をひったくる。それは壮観な眺めだ。同時にそれは水の栄光を称えるもう一つの例でもある。

何年も前だが、わたしはカトマイ半島での休暇中に、共同使用のダイニングルームの窓から外を見ていた夫に手招きされた。「見て！」。五〇メートルも離れていない岩だらけの水辺を指差している。熊が森から下りてきてナクネック湖の岸に向かってのっしのっしと歩いている光景に、わたしたちの何人かは一瞬、肝をつぶした。アドレナリンを浪費する必要はなかった。その巨大な動物はこちらには見向きもせず一直線に水に入り、波のなかを二〇メートルほど先まで進んでいった。それから、みんなが畏怖して見つめるなか、熊はチャンピオンなみのたくみなボディサーフィンを始めたのだった。波に乗って岸に戻って来ては、また泳いで沖に出る。さっと水に潜っては浮き上がり、頭を振って水滴を払う。ある時点で体を返して仰向けになると、凶暴な獣というよりむしろ、バスタブに浸かっている毛深い男に見えた。わたしたちビジター全員が口をポカーンと開けて見守るなか、彼のそんな水遊びは少なくとも二〇分は続いた。ついに泳いで岸に戻ると、水滴を振るい落とし、森に帰っていった。わたしの同志は水泳の喜びが何かを知っていた。

そう、それでヘレスポントスを、またはドーバー海峡を、目的の島を、目標の往復数を、もしくはただプールの端から端までを泳いだら、次には何をすればいいのだろう？　一九七五年に八八歳で亡くなったアネット・ケラーマンは夢見ることをけっしてやめなかった。

「未知のものに対するこの愛は、水泳が与えてくれるすべての喜びのなかでも最大のものです」と彼女は綴っている。「水泳でわたしは相当の富を得ました。でも、まだわたしは滴《しずく》のポタポタ落ちる冷たい海の洞窟に金の宝箱を探しています。映画のためにプロの人魚にはなったけれど、今なお本物の人魚が湿ったグレーの岩に座って長いグリーンの髪を梳いている場面に遭遇するのを待っているのです」

今日のアメリカ人はもっと現実的な希望リストをもっている。最近行われた世論調査では、どんなスポーツに参加したいかという質問に対し、すべての年齢グループで「フィットネスのためのス

私は泳ぎ続ける

イミング」が一位か二位に上がっていた。つまり、みんな泳ぎたがっているのだ。しかも、全米マスターズ水泳協会（USMS）への加入者の増加から判断すると、人々はより上手に泳ぎたがっている。いつでも今より速くなれるが、必ずもっと速い人がいる。でも、もっと遅い人もいるだろう。スイミングでは勝つことを目的にする必要はない。昔、レアンドロスの泳ぎを「古代一流の泳ぎだ」と称賛した人がいた。バイロンは自らの横断泳を「すごい快挙」だと誇った。わたしは、まだ他の冒険がわたしを待っていると思いたい。なぜなら、常に次の海が、次のプールが、次の波が、次の大陸分水嶺があるからだ。そして、次の世代も。

　去年の夏、四歳の孫のタイラーはプールでスイムミーやフローティ（どちらも浮き具）をつけて、子供らしく手足を振り回して前進しながら、日課のラップスイムをこなすわたしを、じっと見ていた。どのくらいじっくり見ていたのかは、知るよしもなかった。数カ月後、夕方のバスタイムに（もちろん、ゴーグルをつけて）、彼は母親に向かって「ぼく、おばあちゃん《グランマ》のように泳ぎたい」と宣言した。そして、腕を二五センチの深さの湯のなかでパタンパタンと動かした。翌日、いつもの水泳教室でプールに飛び込んだ彼は、ほんのつかの間だったが、彼の短い人生で初めてとなる、必要条件を完全に満たした自由形で泳いでみせてコーチと母親を仰天させた。そのとき彼の顔に浮かんだスマイルは北極の氷だって融かしただろう。わたしのスマイルはまだ消えていない。これもまた、わたしが泳ぐ理由だ。

訳者あとがき

本書の原題 *Swim* には「Why We Love the Water（なぜ、わたしたちは水を愛するのか）」という副題が付いている。そう、なぜ子どもは例外なく水遊びが好きなのか、どうして大人たちは忙しい日々のなかでなんとか泳ごうとするのか、そして、なぜ多くの人が旅先に海や川や湖を選び、またそれらが見える部屋にこだわるのか――本書では、わたしたちの内にあるそんな素朴な疑問に対する答えが、生物の進化と水の関係、水泳の歴史、その科学、生理学、心理学などさまざまな方向から探求される。

まず水泳の歴史をひもとけば、それはそのまま人類の歴史であり、世界の歴史でもあった。古代にはごく普通に行われていた「泳ぐ」という行為が、中世になると、いったんほぼ完全に地上から姿を消し、やがてそれは他の多くのものと同様、ルネッサンスとともに復活した。そのうち、航海術の発達により新大陸に渡った探検家が、アメリカ先住民の荒々しい泳法を目にして仰天し、それまで平泳ぎだけだったヨーロッパにクロールの原型とも言える泳法をもたらした。

一方で、二〇世紀後半にはプールの建設技術の発達が一般家庭へのプールの急速な普及を促し、近年はＳＮＳの拡大が、水泳という本来は孤独なスポーツを社交的なアクティビティに変えた。また、著者がヘレスポントス海峡で行ったオープンウォーター・スイミング（OWS）の発達には、河川の清浄化といったインフラの整備が不可欠であった。

自然界の水域で泳ぐOWSの歴史は、当然、人類の誕生とともにあるのだが、それがスポーツとして注目されるようになったのはごく最近のことで、さらに競技として確立したのは一九八〇年代に入ってからだ。OWSは、日本では臨海学校などで行われてきた遠泳と混同されがちだが、両者はまったく別のものだ。日本で言う遠泳では、多くの場合、海で集団が平泳ぎで列をなして泳ぐ。速く泳ぐことよりも長い距離を泳ぐことに重きがおかれ、精神的また肉体的鍛錬の修行の一つとして位置付けられている。いっぽう、OWSは国際水泳連盟が定めるルールに則って行われる、開放水域での、あくまでもタイムを競う競技スポーツだ。二〇〇八年の北京大会以降、夏季オリンピックの正式競技にも含まれ、ロンドンオリンピックでは初めて日本人選手も出場した。

同連盟の定義によると、OWSのうち一〇キロメートル以下の距離を泳ぐものはロングディスタンス・スイミング、一〇キロを超えるものはマラソン・スイミングと呼ばれる。マラソン・スイミングでは、トップ選手が一〇キロの距離を泳ぐタイムがおよそ二時間で、ちょうど陸上のフルマラソンに相当する距離となっている。著者がヘレスポントスで泳いだ距離は六・五キロなのでロングディスタンス・スイミングに分類されるが、このイベントでは、その距離を一時間半以内で泳ぎきらなくてはならないのだから、一般スイマーにはかなり厳しい。

本書をとりわけ魅力的な読み物にしているのが、著者自身による、この横断泳のドキュメンタリー部分だ。リン・シェールの軽快な語りは、わたしたちをいっぺんにはるか地球の裏側の紺碧の海へと連れていってくれる。そこはアジアとヨーロッパの間に横たわる水の回廊、神話の生まれた地、あまたの戦の舞台となった歴史的な海峡、そして地学的には単なる〝地球のしわ〟――なんという魅力的なロケーションだろう。だが、そこの複雑な海流も、そこに棲息する生物も、けっして一筋縄ではいかない。したがって、シェールはこのイベントの前にそれまでに経験がないほど入念な準備とトレーニングを行っている。翌年には七〇歳代になるという高齢でありながら、自身の泳ぎを改良する道を模索し、理論を学習し、身体を鍛えて新しい筋肉を作り、チャレンジし続ける精神性とバイタリティには驚くと同時に勇気づけられる。

また、本書の第九章ではジャックス・マネキンのヒット曲〈スイム〉が取り上げられているが、引用されている「泳げ、つらいときにも、とにかく泳げ」という歌詞が、強力なメッセージとなって心を揺さぶる。くしくも、本書の原題 *Swim*（スイム）はこの歌のタイトルとまったく同じ。もちろん、これはただ「泳ぐ」を意味しているのだが、この歌のタイトルに引っかけた「泳げ」というメッセージもこめられているのではないかと想像される。第一章に取り上げられているインテル創業者の一人で初代CEOのアンドリュー・グローブ氏のように、わたしたちみんな、この世に生を受けた限りは、人生という開放水域をひたすら泳ぎ続けるしかないのだから。著者もこの逸話の直後に、彼女自身も今なお泳ぎ続けていること、そして、だからこそ、この本を書いたのだと認めている。

わたしたちが愛してやまない水泳への、そしてそれを可能にしてくれる水という媒体への手放しの賛歌である本書は、二〇一二年に出版されるやいなや、〈ワシントンポスト〉紙や〈ニューヨークタイムズ〉紙をはじめとする数多くの全国紙や雑誌により絶賛され、エコノミスト誌の「二〇一二年ブック・オブ・ザ・イヤー」にも選ばれた。

数々の興味深い挿絵や写真とともに、人間と水の関係や水泳への理解を確実に深めてくれた本書に、スイマーの一人として、わたしは心から感謝している。この本を手にした読者の方々がわたしと同じ喜びを享受してくださったなら、訳者としてこれ以上の喜びはない。

最後になりましたが、本書を訳す機会を与えてくださり、編集では温かくご指導くださった川上純子氏に、この場を借りて心よりのお礼を申し上げます。

二〇一三年早春

GeoEye, ©2011 Tele Atlas, Image NASA.

p.7 Courtesy Vural Celikoglu.

p.8 Courtesy Sharon Young.

＊掲載写真の版権所有者を追跡し使用許可を得ることにつきましては最大の努力をいたしました。お気づきの遺漏がありましたら、出版社気付著者あてにご連絡ください。

Low, Marston, 1904), 129.

p.227 “Oh Paul” songsheet, composed by Paul Hosang, lyrics by George Moyse (Chicago: Weaver & Harrison, 1920). Courtesy of the Lilly Library, Indiana University, Bloomington, Indiana.

p.229 “Don’t Go” songsheet, words by William Jerome, music by Jean Schwartz, from The Fascinating Widow; cover illustrated by Starmer, with cover photograph of Julian Eltinge. Source: The New York Public Library for the Performing Arts, Music Division.

“Handsome, Brave” songsheet, composed by George Whiting and Al Gumble, lyrics by Ed Rose. Courtesy Johns Hopkins University, Levy Sheet Music Collection (The Lester S. Levy Collection of Sheet Music).

p.231 “They Had” songsheet, composed by James V. Monaco, lyrics by Joe McCarthy (New York : Broadway Music Corp., 1914). From David M. Rubenstein Rare Book & Manuscript Library, Duke University Libraries, Durham, NC; also in Library of Congress.

p.232 “There’s Nothing Like Swimming" (from *Jubilee*), words and music by Cole Porter©1935 (Renewed) WB Music Corp. (ASCAP). All rights reserved. Used by Permission of Alfred Music Publishing Co., Inc.

p.237 Weissmuller from the Library of Congress.

p.238 Esther Williams: MILLION DOLLAR MERMAID©Turner Entertainment Co. A Warner Bros. Entertainment Company. All Rights Reserved.

p.247 Courtesy Vural Celikoglu.

p.257 Courtesy Sharon Young.

口絵図版・写真クレジット

p.1 （上）Replica of the Diver’s Tomb fresco, courtesy ISHOF.（下）Replica of “Distant View of the Mandan Village” by George Catlin, courtesy ISHOF.

p.2 （メイン写真）New photo courtesy Jay Mark.（挿入写真）2004 historic photo courtesy Starlite Motel, Mesa, Arizona.

p.3 （上）Replica of mural courtesy ISHOF.（下）Replica of “Sgt. Kawasaki Crossing the Taidong River,” artist unknown, courtesy ISHOF.

p.4 （下）Courtesy Sharon Young.

p.5 Hand-colored copper engraving by Allain Manesson Mallet, 1719.

p.6 （上段左）Courtesy Vural Celikoglu.（上段右）Courtesy Sharon Young.（下）Courtesy Google, ©2011 Basarsoft, Image, ©2011

p.157	Capt. Webb matchboxes courtesy Karen Rennie, www.Rennart.co.UK.
p.161	Alcatraz swim © Michael Maloroney / San Francisco Chronicle / Corbis.
p.162	Brooklyn Bridge courtesy Capri Djatiasmoro.
p.163	Statue of Liberty courtesy Capri Djatiasmoro.
p.170-172	Coney Island Polar Bear images courtesy Capri Djatiasmoro.
p.175	Mao poster courtesy Landesberger Collection, International Institute of Social History (Amsterdam). Published by Yangzi River Headquarters, Shanghai, 1969.
p.184-185	Getty Images for Speedo USA.
p.186	Bathing costumes from Marshall & Snelgrove, London, from *Lady's World* (August 1887).
pp.139-140	Bathing machines from the Library of Congress.
p.190	Kellerman courtesy Billy Rose Theatre Division, New York Public Library for the Performing Arts, Astor, Lenox and Tilden Foundations.
p.191	Beach metrics from Library of Congress.
p.193	Bloomer sign courtesy Antique Aquatic Americana Collection, Charles R. (Chuck) Kroll, Seattle, WA.
p.195	Jantzen doll courtesy Linda Dini Jenkins.
p.198	*The Sketch*, July 7, 1897, 447.
p.201	Alice Baldwin, Bathing Cap, Patent #1,407,625, Feb. 21, 1922, US Patent and Trade Office.
p.206	Cullen Jones at a Make a Splash event, courtesy AP Images for USA Swimming.
p.212	Gen. Slocum headline from Library of Congress.
p.213	"Row, Throw, Go, Tow" poster courtesy Antique Aquatic Americana Collection, Charles R. (Chuck) Kroll, Seattle, WA.
p.217	Barrel courtesy American Red Cross.
p.219	"Swim" © 2011 Ram lsland Songs, Left Here Publishing. All rights on behalf of Songs Music Publishing, LLC o/b/o Ram Island Songs (ASCAP), Left Here Publishing (ASCAP). All rights reserved. Used by permission.
p.221	Unattributed image, retrieved online.
p.225	Flutist from D. Roque Moran, *Arte de nadir y mètodo de bañarse* (Madrid, 1855). Also reproduced in Ralph Thomas, *Swimming: With Lists of Books Published in Engl1ish, German, French and Other European Languages, and Critical Remarks on the Theory and Practice of Swimming and Restructation* (London: Sampson

Foundation.

p.62 Flying fish from J. Bell Pettigrew, MD, *Animal Locomotion*, 1874, frontispiece.

p.66 Giraffe modeling courtesy Darren Naish and Donald Henderson Henderson, DM. From Darren Naish, "Predicting the Buoyancy, Equilibrium and Potential Swimming Ability of Giraffes by Computational Analysis," *Journal of Theotical Biology* 265, no. 2 (July 2010): 151-159.

p.77 Word cloud from wordle.com, courtesy US Masters Swimming / *Swimmer* magazine.

p.80 Courtesy Sharon Young.

p.83 "Natation sur le ventre; Natation sur le dos," from F. E. Bilz, *La Nouvelle Médication Naturelle* (1900).

p.84 Courtesy Andrew Bernstein.

p.87 Contraption courtesy Charles Shopsin, Modern mechanix.com.

p.88 Swimmer with aids in Archibald Sinclair and William Henry, *Swimming* (London: Longmans, Green, 1916), 34.
Sidestroke from W. G. Douglas, *Spaldin's Athletic Library: Swimming* (New York: American Sports, 1894), 18.
Quote from G. B.Stern, "Discoveries at Forty," in *The New Yorker*, February 23, 1935, 18.

p.90 Cartoon © The New Yorker Collection from cartoon bank.com. All rights reserved.

p.91 "How to Swim" cards from Ogden's Cigarettes, 1930s.

p.99,108 Hellespont photos by Vural Celikoglu.

p.114 Phelps: Speedo USA; Lochte: Getty Images for Speedo USA.

p.118 Ladies racing from the *Graphic*, October 6, 1906, 515.

p.121 Racing from the *Graphic*, Sept. 5, 1874, 228.

p.126 Racing from the *Graphic*, July 4, 1908, 5.

p.133 Underwater breathing from Robert Fludd, *De naturae simian seu technica macrocosmi historia* (Frankfurt: J.T. deBry, 1624), 419.

p.146 Courtesy James Hilford.

p.147 Courtesy Andrew Bernstein.

p.149 Women's Day from *Harper's Weekly* (August 1882): 558.

p.150 Liberace postcard (Hello from Hollywood by Lamparski) courtesy Marty McFly, SFvalleyblog.com.

p.154-155 Pool designed by Mark Dorsey, Medallion Pool, Asheville, N.C., www.medallionpool.com. Photos courtesy Mark Dorsey.

p.154 Quote about "Swimming back through your own wake" from Bill Broady, *Swimmer*, 13.

cPN=1&searchPN=1&mode=imagepath&characterNormalization=reg.

p.30 Decoration on Chinese bronze in Palace Museum, Beijing, after *Gugong qingtonggi* No.281 (Beijing: Zijincheng chubanshe, 1999). Also *Shanbiaozheng yu liulige* (Shangbiaozhen and Liulige), plate 22, page 21, figure 11; *Guo Baojun* (Beijing: Kexue chubanshe, 1959); and *Baoli cangjin(xu)* (Selected Bronzes in the Collection of the Poly Art Museum[sequel]) (Guangzhou : Lingnan meishu chubanshe, 2001), 194–195. Detail courtesy Andrew H. Reading, Interpretation and research provided by Richard A, Pegg, PhD.

p.32 From *De Re Militari* by Vegetius Flavi Vegeti Renati,Viri Inl. De Re Militari Libri Qvatvor, edited and annotated by Godeschalcus Steewech and Franciscus Modius (Leiden: Raphelengius, Franciscus [1], 1592). Courtesy Dutch Army Museum, Delft.

p.36-37 Digby images from *De Arte natandi libir duo ...*, by Sir Everard Digby(Londini: Excudebat Thomas Dawson, 1587), folios 18, 28, 47. Courtesy of the Trustees of the Boston Public Library / Rare Books. Images published with permission of ProQuest. Further reproduction is prohibited without permission. Images produced by ProQuest as part of *EarlyEnglish Books Online.* Enquiries may be made to: ProQuest, 789E Eisenhower Parkway, Box 1346, Ann Arbor, MI48106-1346; telephone: 734-761-4700; e-mail:info@il.proquest-com; Web page: www. proquest.com.

p.41 Advertlsement for swimmmg master Paulin Huggett Pearce from Ralph Thomas, *Swimming: With Lists of Books Published in English, German, French and Other European Languages, and Crtical Remarks on the Theory and Practice of Swimming and Resuscitation* (London: Sampson Low, Marston, 1904), 261.

p.42 *NewYork Post* headline courtesy *New York Post.*

p.45 Dongola swimmers from *Graphic,* volume 30 (1884): 316. Courtesy ISHOF.

p.46 Courtivron, 1835.

p.48 Webb from NiagaraFails (Ontario) Public Library.

p.49 Ederle from German Federal Archive (Deutsches Bundesarchiv), July 1930, Blid 102–10212, on Wikimedia Commons.

p.51 Eder1e's suit on display at ISHOF. Photo by Lynn Sherr.

p.53 Poster from Library of Congress Prints and Photographs Division, Washington, DC.

p.58 Fossil courtesy University of Chicago.

p.59 *Tiktaalik* rendering by Zina Deretsky, courtesy National Science

図版・写真クレジット

以下の写真は著者提供による。
pp. 84, 103, 115, 131, 155, 168, 194

本文図版・写真クレジット

p.6 Map by Patti Isaacs, www.parrotgraphics.com.

p.7 Roman provincial coin (177–180 CE) depicting Hero and Leander, courtesy Roman Provincial Coinage Online (http://rpc.ashmus.ox.ac.uk/). Coin in collection of The British Museum.

p.8 Hero and Leander from Musaeus, *Hero and Leander* (Venice: Aldus Manutius, Romanus, 1495–1497), courtesy the Bodleian Libraries, University of Oxford, Auct.1R 5.13, b6 verso–b7 recto.

p.22 Image of many swimmers from Percey, *The Compleat Swimmer.* Courtesy the Mariners' Museum, Newport News, Virginia.

p.24 *The Swimming of Mary Sutton,* frontispiece of *Witches Apprehended, Examined and Executed,* for *Notable Villanies* by *Them Committed Both by Land and Water* (London: Edward Marchant, 1613). Courtesy International Swimming Hall of Fame (hereafter, ISHOF).

p.26 Spoon from Louvre Museum, Sully, Rez-de-chaussée, Le Nil, Salle 3, Accession number E11122. Courtesy Rama, Wikimedia Commons. Licensed under CeCILL, Creative Commons Attribution-Share Alike 2.0 France.

p.27 Egyptian hieroglyph from R. O. Faulkner, *A Concise Dictionary of Middle Egyptian.* Courtesy Bob Brier.

p.28 Aphrodite coin, 198–217 CE, from Galatia, Ancyra, Caracalla. Courtesy Classical Numismatic Group, Inc., www.cngcoms.com.

p.29 Detail from "King Preparing to Cross a River (Kouyunjik)" from Henry Austen Layard, *The Monuments of Nineveh:From Drawings Made on the Spot, Together with a Second Series of the Monuments of Nineveh, Including Bas-Reliefs from the Palace of Sannacherib and Bronzes from the Ruins of Nimroud;From Drawings Made on the Spot During a Second Expedition to Assyria,* vol. 2 (London: Murray, 1853), plate 41, page57. European Cultural Heritage Online (ECHO), echo.mpiwg-berlin. mpg.de/ECHOdocuViewfull ?pn=57&url=%2Fmpiwg%2Fonline%2Fpermanent%2Flibrary%2F3 ADD60G8%2Fpageimg&viewMode=images&tocMode=thumbs&to

〈ヒストリカル・スタディーズ〉は、現代の価値観や常識を
その成り立ちにまで遡って、歴史的に考えていくシリーズです。

ヒストリカル・スタディーズ05
なぜ人間は泳ぐのか？
水泳をめぐる歴史、現在、未来

2013年4月30日　第1版第1刷発行

著　者　リン・シェール
訳　者　高月園子
ブックデザイン　原 真澄
組　版　アーティザンカンパニー株式会社
編　集　川上純子（株式会社 LETRAS）
編集協力　的場容子

発行人　落合美砂
発行所　株式会社太田出版
〒160-8571
東京都新宿区荒木町22エプコットビル1F
TEL 03（3359）6262
振替 00120-6-162166
ホームページ http://www.ohtabooks.com

印刷・製本　株式会社シナノ

定価はカバーに表示してあります。

ISBN 978-4-7783-1366-1 C0030

OGDEN'S CIGARETTES
THE CRAWL STROKE

OGDEN'S CIGARETTES
THE CRAWL STROKE

OGDEN'S CIGARETTES
THE CRAWL STROKE

OGDEN'S CIGARETTES
THE CRAWL STROKE

OGDEN'S CIGARETTES
THE CRAWL STROKE
ISOLATED LIMB ACTION

OGDEN'S CIGARETTES
THE DOUBLE ARM BACK STROKE
THE POISE

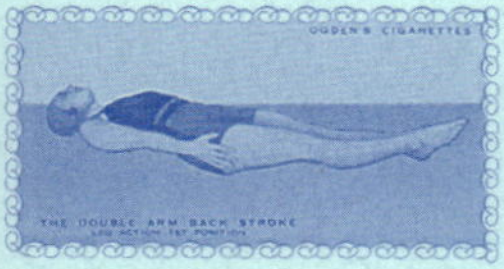
OGDEN'S CIGARETTES
THE DOUBLE ARM BACK STROKE

OGDEN'S CIGARETTES
THE DOUBLE ARM BACK STROKE

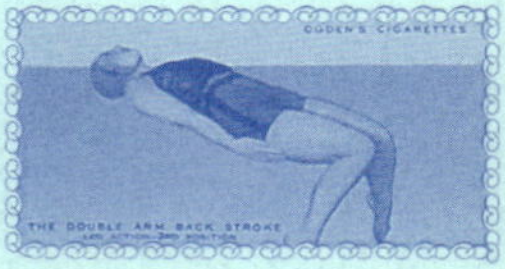
OGDEN'S CIGARETTES
THE DOUBLE ARM BACK STROKE

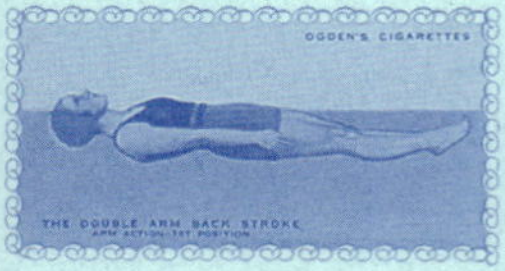
OGDEN'S CIGARETTES
THE DOUBLE ARM BACK STROKE

OGDEN'S CIGARETTES
THE DOUBLE ARM BACK STROKE

OGDEN'S CIGARETTES
THE DOUBLE ARM BACK STROKE

OGDEN'S CIGARETTES
THE DOUBLE ARM BACK STROKE

OGDEN'S CIGARETTES
THE DOUBLE ARM BACK STROKE

OGDEN'S CIGARETTES
THE DOUBLE ARM BACK STROKE

OGDEN'S CIGARETTES
THE DOUBLE ARM BACK STROKE

OGDEN'S CIGARETTES
THE DOUBLE ARM BACK STROKE
ISOLATED LIMB ACTION

OGDEN'S CIGARETTES
THE BACK CRAWL STROKE

OGDEN'S CIGARETTES
THE BACK CRAWL STROKE

OGDEN'S CIGARETTES
THE BACK CRAWL STROKE

OGDEN'S CIGARETTES
THE BACK CRAWL STROKE